Nunca mais quem eu era

Catia Regiely

Nunca mais quem eu era

TUDO É POSSÍVEL QUANDO VOCÊ ACREDITA!

1ª edição

Rio de Janeiro | 2024

CIP-BRASIL. CATALOGAÇÃO NA PUBLICAÇÃO
SINDICATO NACIONAL DOS EDITORES DE LIVROS, RJ

R261n

Regiely, Catia
  Nunca mais quem eu era : tudo é possível quando você acredita! / Catia Regiely. – 1. ed. – Rio de Janeiro : BestSeller, 2024.

  ISBN 978-65-5712-433-8

  1. Espiritualidade. 2. Autorrealização. 3. Desenvolvimento pessoal. I. Título.

24-92950
CDD: 158.1
CDU: 159.947.5

Gabriela Faray Ferreira Lopes – Bibliotecária – CRB-7/6643

Texto revisado segundo o novo Acordo Ortográfico da Língua Portuguesa.

Copyright © 2024 by Catia Regiely
Copyright da edição © 2024 by Editora Best Seller Ltda.
Imagem de capa: Getty Images

Todos os direitos reservados. Proibida a reprodução,
no todo ou em parte, sem autorização prévia por escrito da editora,
sejam quais forem os meios empregados.

Direitos exclusivos de publicação em língua portuguesa para o mundo
adquiridos pela
Editora Best Seller Ltda.
Rua Argentina, 171, parte, São Cristóvão
Rio de Janeiro, RJ — 20921-380
que se reserva a propriedade literária desta obra.

Impresso no Brasil

ISBN 978-65-5712-433-8

Seja um leitor preferencial Record.
Cadastre-se e receba informações sobre nossos lançamentos
e nossas promoções.

Atendimento e venda direta ao leitor:
sac@record.com.br

Dedicatória

Por meio dEle, e para Ele, são todas as coisas. A Ele seja a glória para sempre! Amém. Meu amado Pai, aquele que me chamou e me escolheu, deu-me um novo nome e apresentou-me minha missão. Dedico este livro a ti, Senhor, que o teu nome seja glorificado!

Agradeço ao meu amor, Alessandro, pela sua força, dedicação e integridade ao dar o seu máximo por mim, pela nossa família. Você é corajoso, um homem que não foge das responsabilidades, mas que doa sua vida por amor a nós! Te amo e dedico cada página deste livro a você, pois sempre me incentivou e acreditou na missão que temos juntos. Obrigada por ser um homem íntegro, honesto e sensível. Você me ensina e me inspira!

Aos meus filhos, Alanna, Ana Clara e Enrico, vocês são minha fonte diária de inspiração, minha força, minha convicção! Vocês são a razão pela qual mantenho minha constância e disciplina. Vale a pena ser melhor todos os dias por vocês!

Minha família, meu porto seguro!

Quando olho para trás, percebo quantas fases já passamos, boas e ruins, cheias de alegria e também de lágrimas. Em todas elas estivemos juntos. Amo vocês e dedico esta conquista a vocês!

Querido time/família CR, amados! Como estou grata e feliz por tê-los ao meu lado.

Guis e Lê, vocês são leais!

Guis, sua paciência nos traz paz.

Lê, seu comprometimento é inspirador.

Vocês são peças desse quebra-cabeça, e a totalidade é o Senhor.

Amo vocês!

Uau...quantas horas, quantas conversas, quantos projetos, quantas noites de pouco sono, quantos sonhos, quantas metas, tanto amor!

Dedico este livro a vocês, pois ele não é meu, é nosso!

Vocês fazem tudo acontecer, e eu amo isso! E, sim, literalmente, somos imparáveis!

Pai e mãe, a minha eterna gratidão!

Vocês nem sempre acertaram, nem sempre erraram. Estiveram presentes, mas também se ausentaram. Houve abraços, e também a falta deles. Foram amor, paciência e impaciência, compreensíveis e incompreensíveis, fortes, obstinados e geniais.

Vocês foram filhos, e esses filhos também tiveram pais, que talvez não tenham sido perfeitos, mas sempre tentaram acertar.

Pais acertam e erram, amam e omitem o amor por não saberem lidar com suas emoções. Pais também são filhos, e esses filhos aprenderam a ser esses pais com os seus pais.

Não somos perfeitos, somos o que fomos ensinados a ser, ou somos o que DECIDIMOS SER!

Pai e mãe, eu escolho amar vocês todos os dias da minha vida. Escolho honrá-los, respeitá-los e admirá-los.

Pai e mãe, eu escolho abraço, colo, sorrisos. Se tudo antes não foi como eu queria, hoje sei que posso decidir como será.

Decido amar e honrar vocês enquanto viver. Esta obra é para vocês!

Às minhas queridas alunas do PDM, minhas seguidoras fiéis, agradeço por abraçarem essa missão e por serem, junto comigo, essa voz de transformação no universo feminino.

Sumário

PREFÁCIO — 9

APRESENTAÇÃO — 11

Capítulo 1
AFINAL DE CONTAS, QUEM SOU EU? — 13

Capítulo 2
QUAL É O SEU PORQUÊ? — 27

Capítulo 3
OS NOSSOS DIVERSOS PAPÉIS — 35

Capítulo 4
FAMÍLIA, O NOSSO ALICERCE — 45

Capítulo 5
NOSSAS MEMÓRIAS MOLDAM O NOSSO FUTURO — 50

Capítulo 6
SISTEMA DE CRENÇAS — 58

Capítulo 7
A REJEIÇÃO É A RAIZ DO ORGULHO — 69

Capítulo 8
O MEDO É O SEU MAIOR INIMIGO   79

Capítulo 9
POLTRONA DA MENTIRA   86

Capítulo 10
PARE DE MENTIR PARA SI MESMA!   93

Capítulo 11
VOCÊ TEM A VIDA QUE MERECE   102

Capítulo 12
A ESCOLHA É SUA!   109

GRATIDÃO POR CHEGAR ATÉ AQUI   122
AGRADECIMENTOS   124

Prefácio

Quando me deparei com as palavras impressas neste livro, não pude deixar de sentir uma onda avassaladora de emoção e gratidão. Como marido da Catia, tive o privilégio de testemunhar sua jornada de autodescoberta, ao confrontar seus medos mais profundos e suas inseguranças mais dolorosas. Pude também acompanhar a transformação de suas cicatrizes em asas, suas lágrimas em sorrisos e seus fracassos em triunfos. Juntos, enfrentamos os desafios mais difíceis e celebramos as vitórias mais significativas.

E agora celebramos, juntos, mais uma conquista: este livro. Eu sou uma testemunha viva do árduo trabalho, da coragem inabalável e da resiliência incansável da minha amada esposa. Ao compartilhar a nossa história e suas reflexões mais íntimas, ela abriu a sua vida e o seu coração para lhe ajudar a enfrentar seus próprios desafios e a abraçar sua verdadeira essência.

Cada linha escrita é um testemunho do poder da autenticidade, da vulnerabilidade e, acima de tudo, do amor incondicional que minha esposa tem por si mesma e pelos outros.

Eu tenho a convicção de que você, leitora, será inspirada, transformada e elevada a novos patamares de consciência e compaixão. Mas convido você a abrir seu coração e permitir-se ser tocada por esta leitura de coragem, espe-

10 | *Nunca mais quem eu era*

rança e renascimento. Pois, assim como minha amada esposa, você também é merecedora de uma vida plena de significado e propósito.

Aproveite ao máximo a oportunidade que você tem nas mãos.

Com carinho,
Alessandro Ortis

Apresentação

Eu sou Catia Regiely, sou mestre e doutora em ser esposa, mãe e dona de casa. Dentro dessa função, por vezes sou um pouco médica, pois, quando alguém da minha família adoece, eu cuido, ofereço remédios e, assim como uma enfermeira, passo a noite acordada para acompanhar como está se sentindo. Às vezes, sou psicóloga, porque consigo olhar para meus filhos e meu marido e ouvir, em suas demandas emocionais, se estão precisando de motivação. Também sou professora, auxiliando nos diversos trabalhos, tarefas, maquetes e resoluções de problemas. E nas horas vagas tenho um quê de coach: amo ajudar pessoas e me dedicar a trazer transformação para as mulheres que acreditam na minha jornada.

Sou, antes de tudo isso, filha de Deus, o meu Pai amado, feita à sua imagem e semelhança e herdeira de tudo o que Ele tem disponível para mim. Esposa do Alessandro. Mãe da Alanna, da Ana Clara e do Enrico.

Sou mulher, com sonhos e anseios, cheia de esperança e num processo eterno de autoconhecimento e transformação da minha vida!

Eu quero, neste livro, causar em você os sentimentos mais dolorosos, mas ajudá-la a entender cada um deles e aceitá-los como parte da sua história para, então, escrever uma nova trajetória de superação e conquistas.

12 | *Nunca mais quem eu era*

Eu sei que você tem buscado respostas para as perguntas mais profundas, desejando compreender a sua verdadeira identidade e o seu verdadeiro propósito.

Vamos explorar tanto os fundamentos bíblicos quanto os da neurociência, oferecendo uma perspectiva abrangente e enriquecedora a respeito desses temas.

Antes de mergulhar nessa jornada, gostaria de pedir sua permissão para compartilhar minha fé e minha história. Se você optar por continuar a leitura, convido-a a se permitir abrir-se a novos entendimentos, independentemente de suas crenças ou experiências prévias. Deixe de lado a pressão de ser aceita ou de se encaixar em lugares onde talvez você não pertença. Busque uma conexão com Cristo e, assim, encontrará a verdadeira essência dEle e também descobrirá sua própria identidade, escondida n'Ele.

A jornada do autoconhecimento começa com uma obra divina em nós, abrindo nossos olhos para uma compreensão mais profunda de quem somos e de nosso propósito.

À medida que você avançar na leitura deste livro, vai explorar as crenças limitantes que podem estar obscurecendo sua visão e impedindo seu crescimento. Você será convidada a sair da zona de conforto, identificar as narrativas mentirosas que talvez esteja contando a si mesma e adotar uma nova mentalidade, que vai fortalecer sua nova identidade.

Além disso, vou apresentar tarefas e exercícios práticos projetados para ajudá-la a construir novos hábitos e fortalecer sua mentalidade. Juntas vamos embarcar em uma jornada de autodescoberta e crescimento pessoal na qual você se tornará mais consciente de sua verdadeira identidade e do potencial que reside em você.

Não soltarei a sua mão até o fim desta leitura. Estaremos juntas neste processo. Você aceita o desafio?

Espero você no fim do livro com uma linda mensagem especial!

Catia Regiely

um   AFINAL DE CONTAS, QUEM SOU EU?

Quem sou eu?

Você já teve essa dúvida pelo menos uma vez na vida?

Quando completei 36 anos, esse questionamento começou a me consumir. Eu já era esposa, mãe de três filhos lindos e tinha passado por algumas fases positivas. No entanto, não me sentia completa nem totalmente feliz. Parecia que sempre estava me cobrando para fazer algo a mais, em meu interior existia uma dúvida que ecoava ao longo dos dias.

Questionei-me inúmeras vezes, inclusive para Deus, em minhas orações. Sempre alimentei uma insaciável sede de compreender minha verdadeira identidade: qual era o meu propósito na Terra, por que eu nasci? Questões que persistiam e me afastavam cada vez mais da minha essência genuína, resultando em tristeza, ansiedade e dúvidas crescentes.

Durante muitos anos, carreguei o peso desses questionamentos, uma dor profunda, tristeza e angústia, tudo por não compreender verdadeiramente a minha identidade, e sempre pensava: *Não é possível que minha existência se resuma a isso, a dias bons e ruins. Não é possível que essa seja a jornada que Deus reservou para mim!*

Essas perguntas também cercam seus pensamentos?

Não se preocupe, esse tipo de pensamento acompanha a humanidade em sua jornada na Terra. A maior parte das pessoas não sabe quem é e, por esse motivo, esse questionamento aflige sua mente e seu coração com frequência. Essas vozes apenas serão silenciadas quando você entender quem é de verdade.

E faz parte da minha missão ajudá-la nesse processo!

O processo de autodescoberta é, quase sempre, desafiador. Ele é a busca pela compreensão de quem somos e do que viemos fazer nesta Terra, da verdadeira razão de nossa existência.

Voltando à minha história, eu e Alessandro, o amor da minha vida, nos casamos em 2004, quando eu ainda esperava nossa primeira filha, Alanna. Eu tinha 19 anos e ele 20. Éramos muito jovens e eu engravidei. Foi um período muito difícil e conturbado.

Meus pais se revoltaram com a minha gravidez, o que, hoje em dia, entendo perfeitamente. Contudo, foi um período que me causou muito sofrimento. Primeiro, contei à minha mãe, pois meu pai estava em uma viagem a trabalho. A reação dela foi muito negativa, e ela não conseguiu aceitar a situação, o que tornou aquele momento ainda mais difícil devido à sua falta de controle emocional. Desde o momento em que contei a notícia ela não permitiu que eu saísse de casa, nem que eu contasse a ninguém.

> *O processo de autodescoberta é sempre desafiador. Ele é a busca pela compreensão de quem somos e do que viemos fazer nesta Terra, da verdadeira razão de nossa existência.*

Cheguei a falar com o Alessandro algumas vezes escondido e implorei a ele que não fosse até minha casa, pois estava com muito medo da reação dela. Uma semana se passou e continuei presa em casa, sem poder sair ou ter contato com ninguém, sendo agredida física e moralmente pela minha mãe.

Lembro como se fosse hoje, numa noite de sábado, depois de um dia cheio de angústia causada pelas surras dela, escutei alguém batendo ao portão. Meu coração quase saiu pela boca, minhas pernas tremeram e meus lábios perderam a cor. Eu sabia que era o Alessandro, a quem eu havia implorado para não ir até a minha casa, pois temia o que meu pai poderia fazer com ele.

Eu estava no quarto quando escutei minha mãe dando passos apressados em direção à porta. Ele estava na frente de casa acompanhado por dois policiais prontos para me tirar de casa devido às denúncias que alguns vizinhos tinham feito. Aquela situação causou um grande sofrimento na minha mãe, que se sentiu traída por mim e não conseguiu controlar as emoções, tornando aquele momento delicado ainda mais doloroso e conturbado. Acredito que ela também se culpasse e quisesse me proteger, mas acabou agindo de forma irracional, baseando-se apenas nas emoções e feridas do passado.

Foi uma das noites mais longas da minha vida. Não tínhamos para onde ir, não tínhamos roupas, literalmente não tínhamos nada. Quando saí de casa meu coração se partiu ao ver minha mãe pedindo para eu ficar. Seu olhar transmitia desespero, e essa cena permanece latente em minha mente até hoje. Senti uma culpa que tomou conta de toda a minha existência. Na verdade, era um misto de sentimentos: a sensação de liberdade ao preservar a vida da minha pequena ainda no ventre, mas também a prisão da culpa, por sentir o mal que causei ao decepcionar meus pais.

Na mesma noite, recebi algumas mensagens de familiares informando que meu pai, ao saber da situação, tinha ficado furioso e estava nos procurando. Eu temia a reação dele se nos encontrasse naquele momento.

A primeira casa que fomos para pedir ajuda foi a de um tio, irmão da minha mãe. Ele, no entanto, se negou a ajudar, pois também estava chateado com toda a situação e não queria se indispor com meus pais. Acabamos passando aquela noite na casa de um amigo do Alessandro.

Finalmente, a primeira noite chegou ao fim, mas as dúvidas a respeito do que fazer ainda continuavam. Não sabíamos que caminho seguir, e a única certeza era a de que estávamos começando nossa família. Não da melhor maneira, mas era o que tínhamos naquele momento. Precisávamos arcar com as consequências do nosso "erro".

No domingo mesmo comecei a receber doações de amigos e familiares: móveis e roupas para começar nossa vida. Deus nunca nos desamparou, cuidou de tudo e de cada detalhe.

16 | *Nunca mais quem eu era*

Foi a partir dessas grandes experiências e lutas que me tornei uma mulher incansável, com muitos desejos pulsando no coração.

Minha sogra, ainda viva na época, ao saber da gravidez não se negou a nos ajudar, mesmo tendo poucos recursos por ter uma família grande, com sete filhos. Tenho certeza de que se ela pudesse, nos teria acolhido, mas não tinha condições.

Até que o improvável, para muitos, aconteceu: conseguimos uma quitinete para morar. Era um quarto dentro da lavanderia da Dona Lucinda, uma senhora por quem temos muito amor e gratidão. Ela nos abraçou e nos ajudou muito em nosso primeiro ano juntos.

Dormimos em um colchão de espuma no chão durante os primeiros meses, até ganharmos a primeira cama, um presente dos meus pais. Nessa época, eles já se mostravam mais calmos em relação à minha gravidez e por isso tivemos a oportunidade de nos reconciliar.

O início do nosso casamento foi desafiador, afinal, éramos dois jovens com a enorme responsabilidade de ser pais. Mas nunca desistimos. Mesmo diante das crises, encontrávamos forças para lutar e acreditar que o nosso futuro seria melhor.

Foi a partir dessas grandes experiências e lutas que me tornei uma mulher incansável, com muitos desejos pulsando no coração.

Porém, essas mesmas experiências nos afastaram da nossa verdadeira essência, pois avaliamos o nosso valor e a nossa capacidade com base no que vimos, ouvimos e sentimos. No entanto, ao passarmos por momentos de dor, acusação, abuso e frustração, os tomamos como parte da nossa identidade e passamos a andar de mãos dadas com nossos erros e frustrações. Assim, não compreendemos que a identidade não está fundamentada em nossas vivências, mas sim naquilo que Deus diz que somos. A falta desse entendimento esconde o nosso verdadeiro propósito e nos torna prisioneiros do passado.

A quais experiências do passado você ainda está presa?

Fiquei muito tempo presa a esse passado. O tempo passou e, como disse no início do capítulo, eu tinha muitos questionamentos sobre quem eu era, porque eu havia nascido. Queria entender qual era o meu propósito e a minha missão na vida, saber como poderia ajudar mais o meu esposo. Eu achava que cuidar da casa e dos meus filhos não era o bastante, mas essa cobrança não vinha dele. Pelo contrário, meu marido sempre me apoiou e admirou o meu papel de mãe e dona de casa. A insatisfação era minha, decorrente da falta de identidade; eu buscava fora o valor que já existia dentro de mim, mas que eu não reconhecia.

Eu desejava sentir um forte ímpeto incendiar meu coração, estava sempre idealizando projetos e tendo diferentes ideias. Muitas vezes almejava abrir uma loja, criar uma marca e estabelecer meu próprio negócio, e logo depois me via ponderando sobre o prazer que sentia ao cuidar do meu lar e ser mãe em tempo integral dos meus filhos.

Minhas reflexões se dividiam entre aquilo que considerava valioso para mim e a opinião das pessoas que acompanhavam minha vida.

Essa história ilustra apenas uma fase da minha vida que teve grande influência em meus questionamentos como adulta e, depois de muito tempo, quando entendi essa verdade, minha vida se transformou por completo. Isso pode estar acontecendo com você também. Talvez esteja farta de se sentir frustrada em uma era na qual tanto se fala sobre propósito, e se sinta desconectada de algo maior. Por isso, meu convite é para que, neste momento, **deixe de lado** seu propósito e concentre-se em quem **você realmente é!**

> *Minhas reflexões se dividiam entre aquilo que considerava valioso para mim e a opinião das pessoas que acompanhavam minha vida.*

Não é você que encontra o seu propósito, é ele que encontra você

A boa notícia é que essa jornada de busca e dúvida pode chegar ao fim. Hoje é o dia em que você começa a tirar esse questionamento de seu coração. Mantenha-o aberto, consciente, paciente e humilde para receber e viver esse novo processo.

Essa desconexão com nossa essência resulta em uma busca incessante por validação externa. Tentamos provar nosso valor, nossa importância e nossa autossuficiência aos outros, buscando constantemente a aceitação externa.

18 | *Nunca mais quem eu era*

Uma luta contínua, porém injusta, pois tentamos mostrar algo a nosso respeito sobre o qual não temos certeza.

Convido você a buscar em sua casa um livro que muito provavelmente está presente em sua biblioteca. Pode ser que esse livro tenha uma capa sóbria, talvez preta, ou que revele uma personalidade mais discreta, assim como a minha. Ou talvez você seja alguém que aprecia detalhes mais ornamentados, com toques florais e elementos brilhantes. Independentemente do estilo, o livro que estou lhe pedindo para procurar é a **Bíblia Sagrada.** Mas se você não tiver a Bíblia em casa ou preferir acompanhar os textos aqui mesmo, fique à vontade, pois eles estarão disponíveis ao longo do livro.

A sua identidade não é um conteúdo pessoal, mas sim uma revelação divina! Em 2 Coríntios 3:14-18 está escrito:

> *Mas os entendimentos deles se endureceram; porque até hoje o mesmo véu está por levantar na lição do Velho Testamento, o qual foi por Cristo abolido; E até hoje, quando é lido Moisés, o véu está posto sobre o coração deles. Mas, quando se converterem ao Senhor, então o véu se tirará. Ora, o Senhor é o Espírito; e onde está o Espírito do Senhor, aí há liberdade. Mas todos nós, com rosto descoberto, refletindo como um espelho a glória do Senhor, somos transformados de glória em glória, na mesma imagem, como pelo Espírito do Senhor. (Edição Almeida revista e corrigida).*

Essa história nos conta que todas as vezes em que Moisés subia ao monte a glória de Deus ficava estampada em seu rosto, e ele usava um véu para encobri-la e ficar diante do povo. Quando o engano e a mentira a respeito do que você pensa a respeito de si mesma são eliminados, o véu é removido e você consegue enxergar Cristo.

Paulo destaca ainda que, ao olharmos com a face descoberta, contemplamos a glória do Senhor e somos transformadas à Sua imagem, recebendo uma crescente glória que vem do Espírito. Ao olhar para Ele e focar apenas nEle, de glória em glória você é transformada e se torna cada vez mais parecida com Ele.

A sua identidade não é um conteúdo pessoal, mas sim uma revelação divina!

Você sempre se transformará à imagem do que contemplar!

O que você tem contemplado na sua vida? O que tem acessado? O que você tem consumido? Com que pessoas tem andado?

Tudo o que você contempla lhe transforma. Se você está contemplando agradar aos outros o tempo todo, sua identidade estará moldada nessa mentira, e o véu ainda estará encobrindo a sua visão. Se você contempla sempre falar sim, mesmo que isso implique passar por cima das suas vontades e dos seus princípios, certamente já se esqueceu de quem realmente é há muito tempo, e sua autoestima já nem existe mais.

Os ambientes que frequentamos também nos direcionam para aquilo que temos contemplado e nos definem numa identidade mentirosa.

Reflita sobre os ambientes nos quais você tem permanecido e quais influências esse véu tem exercido em sua identidade. Você tem sido transformada em uma mulher próspera e abençoada? Tem feito conexões com mulheres virtuosas nesses ambientes? Tem sido uma mulher que espalha boas notícias ou reclamações por onde passa?

Durante muito tempo negligenciei a importância dos ambientes e das influências que permitia em minha vida. Como resultado, passei anos desconectada de mim mesma e do meu propósito. Vivia insatisfeita, sem perceber que os ambientes aos quais me conectava alimentavam essa alienação da minha verdadeira essência.

Esse véu que esconde a nossa verdadeira identidade nos leva a olhar para tudo o que está fora de nós, para o que é externo, como pessoas, ambientes, situações, traumas etc. Porém, ao olhar para o nosso interior, podemos ver Cristo, que está em nós, e então essa perspectiva limitada se transforma, pois permitimos que Ele atue em nós.

Esta é a verdade sobre a **revelação divina**: você não precisa se esforçar ou raciocinar sobre essa questão, mas sim se permitir viver esse **acesso**, para então ser completamente transformada em sua essência.

Em Mateus 16:13-19, Jesus questiona seus discípulos sobre quem as pessoas dizem que Ele é.

20 | *Nunca mais quem eu era*

Chegando Jesus às regiões de Cesareia de Filipe, perguntou aos seus discípulos: Quem diz o povo ser o Filho do Homem? Eles responderam: Uns dizem: João Batista; outros: Elias; e outros: Jeremias, ou algum dos profetas. Perguntou-lhes Jesus: E vós, quem dizeis que eu sou? Simão Pedro respondeu: Tu és o Cristo, o Filho do Deus vivo. Então Jesus lhe disse: Bem-aventurado és, Simão Barjonas, porque não foi carne e sangue que o revelaram, mas meu Pai, que está nos céus. Pois também eu te digo que tu és Pedro, e sobre esta pedra edificarei a minha igreja, e as portas do inferno não prevalecerão contra ela; e eu te darei as chaves do reino dos céus; e tudo o que ligares sobre a terra será ligado nos céus, e tudo o que desligares sobre a terra será desligado nos céus. (Edição Almeida revista e corrigida).

Pedro é quem dá a resposta mais sublime: **"Tu és o Cristo, o Filho do Deus vivo."** Pedro foi profundo ao deixar claro que Cristo não era apenas um profeta, mas o Messias. Ele O contemplou verdadeiramente. Jesus, então, revela que essa compreensão não veio de conhecimento humano (carne e sangue), mas por **revelação do Pai**. Não foi a inteligência nem o raciocínio lógico de Pedro que o fez enxergar quem era Cristo, mas o Espírito Santo.

O importante a destacar é que, assim como Pedro recebeu uma identidade e uma missão ao compreender verdadeiramente quem era Jesus, também somos chamadas a edificar sobre a verdade revelada em Cristo. A analogia com Pedro recebendo as chaves do reino dos céus ressalta o poder transformador da visão clara e revelada.

Quando seus olhos são iluminados pela revelação de Cristo, Ele, por sua vez, revela quem você é.

Ao compreender que Cristo é o Messias, o único e suficiente Salvador enviado por um Deus amoroso para expiar os pecados na cruz e perdoar seu passado, você abre as portas para a revelação de sua própria identidade, pois ela está intrinsecamente ligada a Ele.

> *Quando seus olhos são iluminados pela revelação de Cristo, Ele, por sua vez, revela quem você é.*

Este livro não chegou até você por acaso ou coincidência. Você o tem em mãos para compreender quem é. Não importa quantos anos tenha, descobrir isso é como começar tudo de novo. Essa foi a minha sensação quando me deparei com essa verdade tão intrínseca e valiosa. Se decidir **acolher** sua identidade e **descobrir** que você é filha e herdeira de um Pai maravilhoso, **viverá** uma transformação realmente significativa, e sua jornada nunca mais será a mesma.

> *Quando você sabe quem é, consegue usufruir de todas as maravilhas que estão disponíveis.*

Acessar a sua essência em Cristo é o primeiro passo. Depois, permanecer atenta e vigilante às armadilhas que seu maior inimigo pode tentar travar contra você é essencial para que não caia quando alguma situação lhe desestruturar.

Existe alguém que passa a odiá-la quando você descobre quem é de verdade. Satanás não quer que você tenha acesso a quem realmente é.

Quando ele consegue desestruturar sua identidade, já venceu todas as batalhas contra você. Venceu sobre seu casamento, suas finanças, sua liderança, sua maternidade. Ele emprega estratégias sutis para que, sem perceber, você se afaste do alvo principal, que é Cristo.

Se neste momento eu lhe perguntasse quem é você, o que me responderia? Você consegue falar a respeito de si mesma? Já percebeu como é difícil?

Diante desse questionamento geralmente damos como resposta nossa profissão ou nossas funções na sociedade; não sabemos dizer quem realmente somos. Sua identidade é a base para tudo que vem depois disso, ou seja, primeiro **eu sei quem sou,** e então essa consciência se reflete no que **faço e em tudo o que tenho.**

Quando você sabe quem é, consegue usufruir de todas as maravilhas que estão disponíveis.

Contudo, muitas mulheres ainda se definem com base em suas funções. Esse é o grande trunfo de satanás, porque dessa forma cada vez mais mulheres se mantêm perdidas em si mesmas e não refletem seu verdadeiro potencial no mundo.

Comigo não foi diferente. Apesar de ter nascido em um lar cristão, só consegui contemplar a face de Cristo quando decidi que gostaria de vê-lo, verdadeiramente.

Precisei desejar ver a Sua face!

A partir daí, me enxerguei como parte do corpo de Cristo e percebi que tudo passou a importar: o que penso, o que falo, o que escuto, com quem converso ou me conecto.

Em Mateus 3:13-17 está escrito:

Então, veio Jesus da Galileia ter com João, junto do Jordão, para ser batizado por ele. Mas João opunha-se-lhe, dizendo: Eu careço de ser batizado por ti, e vens tu a mim? Jesus, porém, respondendo, disse-lhe: Deixa por agora, porque assim nos convém cumprir toda a justiça. Então, ele o permitiu. E Jesus, depois que foi batizado, subiu logo da água, e eis que se lhe abriram os céus, e viu o Espírito de Deus descendo como pomba e vindo sobre ele; e eis que uma voz dos céus dizia: Este é o meu Filho amado, em quem me comprazo. (Edição Almeida revista e corrigida)

Apesar de essa passagem enfatizar Sua identidade, Jesus foi afrontado. Satanás, como sempre havia feito, tentou abalá-lo ao oferecer-lhe benefícios terrenos no período em que Ele permaneceu no deserto por quarenta dias e quarenta noites. Mas Cristo tinha sua identidade consolidada no Pai, e tudo o que Satanás fez foi em vão.

Por muito tempo caí nas armadilhas da autoimagem distorcida, tornando-me uma mulher completamente insegura. Coloquei meu casamento em risco algumas vezes por não confiar plenamente no meu marido e por buscar constantemente a admiração de outras pessoas além dele. Não se iluda, isso vai além de carência, é uma deturpação da identidade, uma grande cilada do diabo em nossa vida.

Essa autoimagem fragilizada é moldada pelas experiências que temos. Como, por exemplo, mulheres que testemunharam traição entre seus pais ou pessoas próximas provavelmente também vão ter medo de ser enganadas. Você não é como é por acaso, como disse anteriormente, mas aprendeu a ser assim a partir do que viu, ouviu e sentiu.

Durante anos, testemunhei mentiras e traições na casa dos meus pais, e isso influenciou o meu casamento, reforçando o medo de ser traída e enganada, alimentando uma autoimagem fragilizada.

Quais foram as suas experiências, desde quando estava no ventre de sua mãe, que lhe causaram sentimentos indesejáveis, criando memórias que geraram crenças e barreiras que agora, na fase adulta, são manifestas por meio dos seus medos, do sentimento de rejeição, da necessidade de aprovação, da baixa autoestima?

Talvez esses traumas não estejam conscientes para você, afinal uma infância sofrida costuma ser esquecida. Mas eles estão aí, e essa desconexão que você vive hoje provavelmente teve início no período entre 0 e 12 anos, devido à educação que lhe foi dada durante a formação de sua identidade. As pessoas que criaram você, seja seus pais biológicos ou outros familiares, influenciaram nessa construção.

Quando éramos crianças, o que **fazíamos** tinha muito valor para as pessoas que estavam ao nosso lado. Nossas atitudes determinavam se éramos crianças "boazinhas", comportadas, inteligentes ou más, desobedientes e sem futuro — invertendo, assim, a ordem e os princípios da criação, deixando o SER de lado e enfatizando a força do FAZER e TER.

Nosso passado tem um forte peso sobre quem nos tornamos, e o inimigo conhece bem esse poder. Por isso somos constantemente atormentados por memórias de dor e amargura de um tempo em que deveríamos ter recebido cuidado e amor, mas, em vez disso, recebemos desprezo, rejeição e abandono.

A figura abaixo, chamada Pirâmide da Identidade, tem como base o SER, o alicerce. Acima dele o FAZER e, em seguida, o TER, no topo.

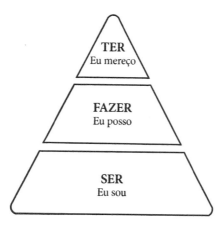

24 | *Nunca mais quem eu era*

Tudo o que foi semeado dentro do seu ser por aqueles que tinham autoridade sobre você reverbera hoje na sua vida adulta.

A inversão da ordem dessa pirâmide gera mudanças de valores e crenças, levando à desconexão de suas raízes mais profundas, resultando em frutos amargos, azedos e podres. Você só saberá onde a sua identidade foi afetada ao olhar para os seus resultados de hoje. Olhe à sua volta agora e veja se o seu ambiente externo e interno realmente refletem uma identidade revelada em Cristo.

Tudo o que foi semeado dentro do seu ser por aqueles que tinham autoridade sobre você reverbera hoje na sua vida adulta.

Quando não vivemos nossa verdadeira identidade, ferimos as pessoas que amamos com as nossas próprias feridas. Por isso talvez você esteja em um relacionamento que se encontra na reta final para o divórcio, não consiga ter um bom diálogo com seus filhos, viva gritando pela casa à espera de que lhe escutem e obedeçam, ou então se sinta exausta de tanto fazer, fazer, fazer e não ter os resultados que espera.

Consegue se identificar?

Este capítulo está pesado, mas é necessário trazer a verdade para que você tenha consciência. Sei que viver esse processo será muito doloroso, mas permita-se passar por essa dor e libertar-se de uma vez por todas das amarras que lhe prendem.

O processo dói, mas traz cura e restauração.

As pessoas à sua volta necessitam de uma filha curada, de uma mãe curada e de uma esposa curada. E depende somente de você dizer **sim** para esse processo de autoconhecimento e entrega a Cristo.

Viver essa verdade é olhar para trás e entender onde sua identidade foi atacada e deturpada, reconhecer as dores e feridas na alma que danificaram seu caráter e sua verdadeira essência. E, principalmente, ter consciência dos frutos

O processo dói, mas traz cura e restauração.

que está colhendo ao levar em conta o que plantaram em sua vida, de forma consciente ou inconsciente.

Abaixo disponibilizei algumas tarefas para você responder e ter a oportunidade de iniciar o seu processo por meio da consciência e do amor. Mais adiante vamos tratar de questões mais profundas, que vão ajudá-la ainda mais a acessar a sua identidade revelada em Cristo. Vamos um passo por vez!

Quando sua identidade estiver fortalecida, a atuação de satanás será enfraquecida!

TAREFAS:

1. Traga à memória e marque abaixo quais palavras e expressões você mais ouvia a seu respeito quando era criança.
   - Teimosa
   - Boazinha
   - Burra
   - Inteligente
   - Desastrada
   - Criativa
   - Bagunceira
   - Obediente
   - Incompetente
   - Amada
   - Sem valor
   - Valorosa
   - Sem futuro
   - Querida por todos
   - Má
   - Futuro brilhante
   - Faz tudo mal feito
   - Prestativa

26 | *Nunca mais quem eu era*

2. Volte à sua infância e relembre as mensagens que recebeu sobre sua identidade, capacidade e merecimento.

_____

_____

_____

_____

_____

3. Identifique se essas mensagens foram construtivas ou limitantes e como elas podem ter influenciado suas crenças atuais.

_____

_____

_____

_____

_____

4. Pense em suas crenças atuais. Elas estão alinhadas a quem você realmente é em Cristo?

_____

_____

_____

_____

_____

5. Leia a passagem bíblica de Gálatas 6:7 e reflita sobre a lei da semeadura em sua vida.

6. Reflita sobre desafios enfrentados com seus familiares no passado e avalie se há necessidade de perdão. Considere como o perdão pode contribuir para a construção de uma identidade mais forte e positiva.

dois QUAL É O SEU PORQUÊ?

A palavra japonesa **ikigai** significa "razão de viver". Essa palavra ganhou destaque a partir da observação de um grupo de ilhas no sul do Japão, especialmente em Okinawa, conhecida como a "terra dos imortais". Essa fama se deve em grande parte a um vilarejo chamado Ogimi, que abriga uma população notavelmente longeva, com muitos de seus habitantes ultrapassando os 100 anos de vida. Intrigados por essa excepcional longevidade, os pesquisadores Francesc Miralles e Héctor García decidiram investigar os segredos por trás da saúde e vitalidade dos moradores de Ogimi.[1]

Ao estudar os hábitos locais, Miralles e García descobriram que os moradores de Ogimi levam vidas simples, com base em uma alimentação natural, composta principalmente de frutas, verduras e legumes. Além disso, o clima ameno da região favorece a prática de atividades físicas, que são comuns entre os habitantes. Um aspecto da vida em Ogimi é a importância da comunidade. Os moradores mantêm laços estreitos com seus vizinhos, valorizando o apoio mútuo e a conexão emocional. Essa proximidade social

---

1 ONTIVEROS, EVA. O que é "ikigai", o segredo japonês para uma vida longa, feliz e saudável. **Terra**, 08 de maio de 2023. Disponível em: https://www.bbc.com/portuguese/geral-44293333. Acesso em 17 jun. 2024.

parece contribuir significativamente para o bem-estar e a felicidade dos residentes mais velhos.

Os pesquisadores ficaram impressionados não apenas com a longevidade dos idosos de Ogimi, mas também com sua atividade, motivação e felicidade. Ao questioná-los sobre os motivos para isso, uma palavra surgiu repetidamente em suas respostas: *ikigai*.

Encontrar e cultivar o *ikigai* parece ser fundamental para uma vida longa, saudável e feliz nesse vilarejo singular no sul do Japão. Ela ressoa como um chamado para que cada um entenda por que levantamos da cama todos os dias, pois isso torna a vida muito mais significativa.

Saber e entender nosso propósito nesta Terra é fundamental para manter o ânimo e não desistir no meio do caminho.

Nossa busca é entender a "razão de viver" não apenas como indivíduos, mas principalmente como partes integrantes de um todo maior, abraçando um propósito profundo que transcende o ordinário. Segundo essa tradição japonesa, todas as pessoas têm em sua essência o seu propósito de vida. Mas embora essa seja uma palavra muito conhecida e falada atualmente, a verdade é que poucos realmente vivem e experimentam uma vida com real significado. Encontrar e viver seu propósito é, portanto, um chamado para se conectar com algo maior do que nós mesmas, contribuindo para o bem comum e encontrando realização verdadeira no processo.

> *Saber e entender nosso propósito nesta Terra é fundamental para manter o ânimo e não desistir no meio do caminho.*

Foram essas reflexões que me levaram a nutrir um desejo incontrolável de autoconhecimento. Em 2018, enfrentei uma das piores crises em meu casamento. Cheguei a temer que não continuaríamos juntos, o que me levou a buscar ajuda, iniciar terapia e mergulhar em diversas leituras.

Em 2022, depois de quatro anos, finalmente aconteceu a verdadeira revelação; foi um ano inteiro dedicado a vários cursos, livros e imersões. Foi um processo desafiador; quanto mais avançava, mais eu me conhecia. Preciso mencionar que também foi doloroso, pois para permitir a formação do meu novo caráter foi necessário abrir mão das narrativas que validavam minha falta de posicionamento. Foi necessário deixar o orgulho de lado e caminhar com humildade para acessar o meu novo eu.

Você sabe qual é o seu propósito?

Afirmo a você que a sua existência não é por acaso! Você não está aqui para simplesmente existir, mas para exercer o seu papel e propósito de vida por meio de suas habilidades e seus dons!

Porém, existem barreiras para descobrir esse propósito: **as crenças limitantes**, que muitas vezes turvam nosso caminho. Desafiar pensamentos negativos, superar os medos e mergulhar no autoconhecimento são passos cruciais. A busca do propósito é um processo pessoal que requer paciência, mas compreender as barreiras nos aproxima de uma vida mais significativa.

Quais são os seus medos?

Vamos falar desse tema nos próximos capítulos, mas já lhe adianto que os seus medos estão ligados às suas crenças limitantes. Pare de acreditar que você não é boa o suficiente, que não tem as habilidades necessárias ou que não merece o sucesso. Essas crenças sabotam os esforços que você tem feito no processo de autoconhecimento — assim como o medo de não ter sucesso, de cometer erros, da rejeição ou do julgamento dos outros lhe impedem de seguir seus verdadeiros objetivos, construindo uma barreira entre você e seu propósito.

Descobrir o seu "porquê" geralmente envolve autoexploração, reflexão profunda e, em alguns casos, a ajuda de um coach, terapeuta ou mentor. É um processo individual, e pode levar tempo.

Comece identificando o que **ama fazer,** revisite suas paixões de infância, relembre as brincadeiras de que você mais gostava. Responda às perguntas abaixo, tire alguns minutos para aprofundar-se nelas.

TAREFAS:

1. O que você ama fazer? O que faria hoje durante o dia todo, sem cobrar nada? Liste o que você amava fazer quando tinha entre 7 e 14 anos.

_____
_____
_____
_____
_____

2. O que você faz de melhor? Saber no que você é boa vai lhe ajudar a entender e se conectar com a sua missão de vida.

_____
_____
_____
_____
_____

3. O que você faz bem e que poderia receber dinheiro para executar? Pense nos itens que você ama listados anteriormente e responda se pode ser bem paga para fazer alguma dessas coisas.

_____
_____
_____
_____
_____

4. Do que o mundo precisa? Aquilo que você ama e no que é boa se conecta com o que o mundo precisa? De que forma você pode dar a sua contribuição para o mundo?

_____
_____
_____
_____
_____

Acredite, seu ikigai estará escondido nessas respostas

Diz para mim aqui embaixo qual é o seu *ikigai*; analise todas as palavras respondidas acima e construa uma frase que faça sentido para você.

_____

_____

_____

_____

_____

Exercemos várias funções num mesmo dia sem perceber nossas diversas habilidades, pois somos mães, psicólogas, cozinheiras, diaristas, contadoras etc...

E por que não podemos aproveitar as habilidades que temos para conquistar nosso espaço?

Seu sucesso se concretiza quando você compreende que suas pequenas e grandes tarefas são oportunidades de crescimento. Seu propósito não está vinculado a algo exterior, mas sim a algo intrínseco que requer ser visualizado e potencializado diariamente, não apenas por meio de suas ações externas, mas principalmente pelo que governa sua mente.

Os pensamentos que cultivamos moldam o destino que vivemos; ao transformar nossa mente, transformamos nossos resultados.

Provérbios 4:23 diz que a nossa vida é dirigida pelos nossos pensamentos; por isso, convido você a olhar para eles e fazer uma análise do que precisa ser transformado. Se eles forem negativos, com certeza os resultados serão negativos, e o contrário também é verdade.

Quantas vezes você já idealizou projetos e teve boas ideias? Quantos sonhos foram engavetados sem sequer dar o primeiro passo? Isso já lhe ocorreu? Por acaso já imaginou coisas incríveis para fazer e ao mesmo tempo pensou que não eram adequadas para você?

Se a resposta for sim, é provável que esteja subestimando a sua capacidade e se escondendo de si mesma.

32 | *Nunca mais quem eu era*

O que paralisa você não é a sua inexperiência, porque ela pode ser superada com treino e prática. Não é também a falta de apoio, acredite. O que tem paralisado você é a intensidade dos seus pensamentos negativos sobre quem você é e o seu potencial de realização.

Os pensamentos que cultivamos moldam o destino que vivemos; aó transformar nossa mente, transformamos nossos resultados.

Para ter a certeza de que seus pensamentos estão dominando você de maneira negativa, comece observando diariamente (se possível, escreva num caderno) sua rotina e reflita sobre a quantidade de tarefas que realiza ao longo de um dia, de uma semana ou de um mês, bem como as habilidades naturais que tem. Em seguida, escreva quais são os pensamentos e sentimentos que vêm ao seu coração quando está executando cada uma delas.

Observe ao seu redor e reconheça a importância e a relevância dessas habilidades para o funcionamento da sua casa, da sua empresa e das demais áreas de sua vida. Valorize os pequenos detalhes, pois são eles que compõem o todo e, a partir deles, são gerados os resultados em larga escala.

Desafie sua mentalidade limitada e reconheça sua capacidade de executar as tarefas cotidianas, transformando seus pensamentos inicialmente ruins em pensamentos poderosos. Escreva substituindo os primeiros pensamentos. Esse é o primeiro passo para alcançar objetivos mais significativos.

Continuar explorando seu *ikigai e* alimentando a chama da descoberta é valorizar suas habilidades, é estar aberta a se despedir das crenças que limitam a sua existência, abraçar a sua verdadeira essência e entender o impacto positivo que você pode gerar no mundo.

Vejo hoje muitas mulheres dando desculpas para justificar a falta de oportunidades de trabalho; não conseguem trabalhar porque não têm alguém de confiança para ficar com os filhos, cuidar da casa ou até mesmo por falta de capacitação no mercado de trabalho. Vários são os motivos que as levam a permanecer sempre no mesmo nível.

Entendo que cada uma de nós está em um ponto, ou seja, em um nível de nossa jornada. Porém, não podemos olhar para nossa condição atual, mas **sim para onde** queremos chegar. Essa mentalidade precisa ser transformada para que os resultados comecem a aparecer. Temos capacidade de realizar qualquer coisa a que nos propusermos, desde que tenhamos a determinação e a confiança necessárias.

Você é mais capaz do que imagina, e o meu chamado a você é para reconhecer a sua capacidade, sem focar nas limitações e desculpas que justificam a sua estagnação. O seu potencial está guardado em seu interior, e buscar pelo seu *ikigai* será valioso para despertar em você uma nova versão, mais forte e determinada.

Avance nas tarefas abaixo e dê os próximos passos nesse processo de transformação.

TAREFAS:

1. Feche os olhos e visualize-se ajudando a transformar a vida de milhares de pessoas.

2. Descreva com suas próprias palavras o que você visualizou e como isso pode se tornar uma realidade.

3. Reflita sobre como suas habilidades podem ser empregadas para impactar positivamente o mundo ao seu redor.

4. Durante uma semana, todos os dias, faça o seguinte exercício:
   - Identifique uma tarefa cotidiana que você realiza.
   - Visualize como essa tarefa, por mais simples que seja, pode revelar um propósito maior.
   - Escreva uma pequena descrição sobre como você pode transformar essa tarefa em um ato de sucesso significativo.

   Segunda-feira:

   _____

   _____

34 | *Nunca mais quem eu era*

Terça-feira:

_____

_____

Quarta-feira:

_____

_____

Quinta-feira:

_____

_____

Sexta-feira:

_____

_____

Sábado:

_____

_____

Domingo:

_____

_____

- Ao final da semana, reveja suas anotações e observe como a mudança na perspectiva em relação às suas habilidades diárias pode abrir portas para oportunidades de grande impacto e realização. Entenda que nas pequenas tarefas estão escondidos os grandes propósitos de sucesso e, ao valorizá-las, você descobre o verdadeiro potencial que tem.

três OS NOSSOS DIVERSOS PAPÉIS

Como mulheres, desempenhamos muitos papéis ao longo de nossa vida. Somos filhas, mães, esposas, profissionais, amigas, cuidadoras, líderes e muito mais. Em meio a tantas responsabilidades, é fácil nos perder de vista, esquecendo de cuidar de quem somos e do que precisamos. No entanto, a Bíblia nos lembra da importância do amor-próprio através do maior mandamento de Jesus: *"Amar a Deus sobre todas as coisas e ao próximo como a ti mesmo."* (Mateus 22:36-39.)

A importância do amor-próprio

A mulher moderna é multifacetada. Ela tem uma carreira exigente, cuida da família, mantém relacionamentos sociais e ainda encontra tempo para o crescimento pessoal. Esses papéis são nobres e importantes, mas também podem ser desafiadores e, muitas vezes, exaustivos. É essencial reconhecer e valorizar cada um deles, mas também é fundamental entender que o amor-próprio é a chave para desempenhá-los com excelência.

36 | *Nunca mais quem eu era*

O primeiro passo para compreender o amor-próprio é entender o maior mandamento de Jesus. Ele nos instrui a amar a Deus sobre todas as coisas e ao próximo como a nós mesmas. Esse versículo revela que o amor deve fluir em três direções: para Deus, para nós e para os outros. Ignorar qualquer uma dessas direções é desequilibrar a harmonia que Deus deseja para nossa vida.

Amar a si mesma não significa ser egoísta ou narcisista. Pelo contrário, é reconhecer o valor que Deus nos deu. É cuidar do nosso corpo, mente e espírito, honrando o templo que Ele nos confiou.

> *O primeiro passo para compreender o amor-próprio é entender o maior mandamento de Jesus.*

Quando nos amamos, estamos mais bem preparadas para amar e servir aos outros, cumprindo assim o mandamento de Jesus de maneira plena e verdadeira.

Práticas diárias de amor-próprio

1. **Cuide do corpo:** Nosso corpo é o templo do Espírito Santo. Cuide dele com alimentação saudável, exercícios regulares e descanso adequado. Lembre-se de que você merece tempo para relaxar e rejuvenescer.
2. **Cuide da mente:** Reserve tempo para atividades que nutrem sua mente e alma. Leia bons livros, medite na Palavra de Deus e envolva-se em atividades que tragam alegria e paz.
3. **Cuide das emoções:** Reconheça suas emoções e permita-se senti-las e expressá-las. Busque apoio quando necessário e não tenha medo de pedir ajuda.
4. **Estabeleça limites:** Dizer "não" não é um ato de egoísmo, mas uma demonstração de autocuidado. Estabeleça limites saudáveis para proteger seu tempo e sua energia.
5. **Cultive relacionamentos saudáveis:** Cerque-se de pessoas que apoiem e incentivem você. Relacionamentos saudáveis são uma fonte vital de amor e apoio.

Amar a si mesma é um ato de obediência a Deus. Ele nos criou à Sua imagem e semelhança, e nos amou primeiro. Portanto, ao nos amarmos estamos honrando a criação de Deus e seguindo Seu mandamento. Que possamos, como mulheres, aprender a valorizar e cuidar de nós mesmas para, assim, cumprir com alegria e eficiência os muitos papéis que desempenhamos em nossa vida.

Amar a si mesma não é egoísmo, é mandamento!

Minha jornada de autoliderança

Compartilho com você minha jornada de autoliderança, um caminho que trilhei para me entender melhor, respeitar o processo e, acima de tudo, me amar. Meu coração, guiado pelo desejo de compreender as complexidades da vida, encontrou no autoconhecimento a bússola essencial.

Descobrir minhas paixões, meus valores e minhas limitações me deu a possibilidade de navegar pelos altos e baixos da existência com mais clareza e autenticidade. É como sintonizar uma estação interna que me permite reger as diferentes peças da minha vida com maestria.

Essa jornada, entretanto, ensinou-me a valorizar o processo. Assim como uma flor precisa de tempo para florescer, percebi que cada fase da vida tem seu próprio ritmo. Houve momentos de dúvida e incerteza, mas, com paciência e autocompaixão, aprendi a respeitar meu próprio tempo e a confiar que, assim como a natureza, minha transformação seguiria seu curso.

O amor-próprio foi a chave que abriu muitas portas ao longo desse caminho. Ao me aceitar e me amar como sou, comecei a tomar decisões que refletiam meu verdadeiro eu. Isso não significou apenas celebrar minhas conquistas, mas também abraçar minhas imperfeições e aprender com elas.

A autoliderança, por sua vez, tornou-se uma prática diária. Ao assumir a responsabilidade por minha vida e minhas escolhas, percebi que o poder de mudar esteve sempre em minhas mãos. Não se tratava de controlar todos os aspectos, mas de guiar-me com intencionalidade e propósito.

Amar a si mesma e praticar a autoliderança são passos poderosos para uma mudança de vida. Quando permitimos essa transformação, abrimos espaço para uma versão mais autêntica e empoderada de nós mesmas. Assim, cada dia se torna uma oportunidade de crescimento e cada desafio, uma lição valiosa.

Liderança pessoal: O poder do autoconhecimento

Existe um poder sobrenatural e extraordinário na mulher que lidera, tanto no âmbito profissional quanto no pessoal. A capacidade de liderar a si mesma está enraizada no autoconhecimento, que serve como guia no desafiador e gratificante caminho da autoliderança. É uma habilidade para gerenciar nossas emoções, mesmo em situações de caos absoluto. O autoconhecimento nos ajuda a abordar os problemas de forma viável e rápida, buscando a melhor solução possível.

Uma mulher se torna líder de si mesma quando começa a se amar profundamente, abandona o papel de vítima e assume a responsabilidade pelos seus problemas, em vez de procurar culpados.

Encontrando o equilíbrio e a realização

Ser mãe, esposa e empresária é um verdadeiro malabarismo emocional. É preciso coragem e determinação. A chave para enfrentar esse desafio é a organização, o apoio da família e a capacidade de definir prioridades. A rede de apoio também desempenha um papel crucial, permitindo que nós, mulheres, busquemos nossos objetivos profissionais sem comprometer a qualidade da vida familiar.

> *Ser mãe, esposa e empresária é um verdadeiro malabarismo emocional. É preciso coragem e determinação.*

Algumas mães são plenas por terem a oportunidade de cuidar da casa e dos filhos, mas são infelizes e frustradas dentro de suas casas por não terem construído uma carreira de sucesso "lá fora". Isso foi por muito tempo minha maior dor. Eu queria ser alguém importante, ter um diploma, uma formação, mostrar às pessoas que eu era alguém na vida.

Que tolice! Minha motivação estava totalmente fora de mim. Meu coração se enganava buscando desprazer, baseando meus sentimentos na opinião da sociedade. Desde quando provar algo para alguém pode se tornar a base motivacional para alcançar alguma coisa?

Investigando nossa motivação

É importante investigar nossa motivação. Para a minha família, meu marido, o fato de eu estar em casa cuidando das crianças e do lar nunca foi um problema. E eu amo fazer isso. Cuido de uma casa como ninguém, mas passei muito tempo frustrada por me sentir inferior às mulheres com carreiras promissoras. Eu me desvalorizei por não ter um diploma pendurado na parede, mas na verdade quem queria isso era apenas o meu ego!

Não é necessário corresponder às expectativas alheias em relação a você. Seu valor não está nas suas ações, mas sim na pessoa que você é ao realizá-las.

Expandindo nossa compreensão e nosso potencial

Não há um modelo ideal ou superior para definir o papel que você desempenha como mulher; o que importa é o seu próprio modelo, aquele que você e sua família determinarem que funciona melhor para vocês. Mas, por outro lado, você não está limitada a ser apenas uma mulher que executa uma tarefa específica. Você tem o poder de expandir sua compreensão sobre si mesma e de se conhecer melhor e ser uma profissional de sucesso.

Acredite, há inúmeras habilidades dentro de você prontas para serem descobertas. Apenas avance, um passo de cada vez.

É possível unir ambas as partes, nos permitindo cuidar do nosso lar e sermos excelentes profissionais, desfrutando da felicidade de trabalhar dentro de casa, dedicando tempo de qualidade ao esposo e aos filhos. É possível viver essa experiência e trazer equilíbrio para o corpo, a alma e o espírito. Aprenda a desfrutar do processo e a celebrar suas conquistas no caminho!

Autoliderança

Você se considera uma mulher com autoliderança? Uma autoliderança que a conduz para outros níveis de relacionamentos, emoções e comportamentos? Reflita sobre isso e escreva abaixo como você se sente em relação ao seu grau de autoliderança:

Ou será que você vem desenvolvendo uma liderança disfuncional? Com agressividade, gritos e imposições forçadas? Reflita novamente e deixe registradas abaixo suas considerações.

Você tem consciência de qual área da sua vida consegue liderar com maior facilidade? E em quais áreas precisa identificar seus pontos fracos ou excessivos? Traga tudo isso à consciência e escreva abaixo:

Pilares da autoliderança

É importante deixar claro que a autoliderança se apoia em seis pilares essenciais, sem os quais não há eficácia.

O primeiro é o autoconhecimento, fundamental para identificar a situação atual e aonde se quer chegar. A partir dele, desenvolvemos o nosso perfil comportamental (que veremos mais à frente) e temos maior clareza sobre nossos objetivos, nossos pontos fortes e os que precisam de melhorias. Ter autoconhecimento é olhar para si mesma e identificar escolhas, atitudes, com-

Os nossos diversos papéis | 41

portamentos e decisões que lhe fizeram estar onde está hoje. Se você deseja se tornar uma grande líder, precisa olhar para dentro e identificar suas fraquezas e fortalezas interiores.

O segundo pilar é a automotivação. Eu sou uma mulher altamente motivada, e o segredo é a motivação interna, que está relacionada aos elementos dentro de nós que impulsionam a mudança ou a manutenção do nosso comportamento. Para que essa motivação interna seja ativada, é necessário ter um propósito de vida. Assim, temos nossas próprias razões para nos manter motivadas, não precisamos ficar ancoradas nas motivações de outras pessoas.

Acredite, você pode se tornar uma mulher ativada, cheia de motivação. O que motiva você a fazer o que faz? O que a leva a desejar ser uma esposa, mãe, filha, dona de casa e uma pessoa melhor? Qual é a sua motivação? Reflita e busque a resposta em seu interior! Suas atitudes podem até ser boas, mas se sua motivação estiver errada, o resultado não será pleno.

O terceiro pilar é a autorresponsabilidade: aprender a reconhecer a responsabilidade por nossas ações e escolhas, bem como por todas as consequências que provém delas. Ninguém além de você é responsável pelo casamento que tem, pelos filhos que tem ou pela sua conta bancária. Mas desenvolver autorresponsabilidade dói e, por isso, muitas mulheres não querem passar por esse processo. Desde pequenas, como abordei no Capítulo 1, somos incentivadas pelo ambiente em que estamos inseridas a encontrar uma desculpa para tudo que nos acontece. Foram muitos estímulos que produziram em nós um padrão de vítimas: vítimas da sociedade, vítimas do patrão, vítimas da masculinidade e da disfuncionalidade.

> *O que motiva você a fazer o que faz? O que a leva a desejar ser uma esposa, mãe, filha, dona de casa e uma pessoa melhor? Qual é a sua motivação?*

Contudo, nesse lugar não há resultados, e permanecer nele levará você à **total ruína**. Escolha a autorresponsabilidade, pois ela é a ferramenta capaz de **tirar você desse lugar** e levá-la a conquistar a autoliderança.

O quarto pilar é a autodeterminação, que está fortemente ligada à disciplina; é a capacidade de se manter no caminho mesmo quando tudo estiver difícil e o mundo externo exercer influência sobre você. Seu mau comportamento

42 | *Nunca mais quem eu era*

vem da falta de determinação e de foco em seus objetivos. Ser perseverante e ter consistência naquilo que você se dispõe a fazer vai garantir melhores resultados.

Você deseja viver algo que nunca viveu antes? Tenha disciplina para fazer o que precisa ser feito, todos os dias. Não existe uma fórmula mágica, tudo é conquistado com esforço e dedicação.

O quinto pilar é o autocontrole, a habilidade de regular e administrar suas emoções, seus impulsos e comportamentos. Isso inclui a capacidade de adiar a gratificação, lidar com o estresse de forma eficaz e manter o equilíbrio emocional. Estar sempre vigilante para não entrar no automático e reagir em meio às situações indesejadas, sabendo como agir de maneira inteligente e com sabedoria.

O último pilar é a autoconsciência: trazer clareza a respeito das nossas próprias qualidades e limitações. A autoconsciência traz a verdade sobre nós mesmas e nos permite melhorar a cada dia. Assumir a autoliderança é mais do que apenas assumir o controle; é um compromisso consigo mesma para buscar o crescimento pessoal e a realização em todas as áreas da vida.

Ao cultivarmos esses seis pilares, podemos nos tornar líderes autênticas e inspiradoras, capazes de influenciar positivamente não apenas a nós mesmas, mas a toda a nossa família e às pessoas com quem convivemos diariamente.

TAREFAS:

Agora quero desafiar você a realizar algumas tarefas que vão fortalecer sua capacidade de liderar sua vida com propósito, paixão e autenticidade. Vamos lá!

1. Observe ao seu redor e visualize os diferentes papéis que você desempenha na sua vida. Registre cada função para que isso se transforme em um mapeamento visual que vai contribuir para fortalecer sua capacidade de liderança.

_____

_____

_____

_____

_____

Os nossos diversos papéis | 43

2. Escreva uma carta para si mesma, explorando suas paixões, seus valores e suas limitações. Destaque os aspectos que a tornam única e valiosa em cada um de seus papéis.

44 | *Nunca mais quem eu era*

3. Ritual de autoamor: Estabeleça um ritual diário ou semanal de autocuidado. Pode ser meditação, leitura, banho relaxante ou algo que nutra sua essência interior.

4. Liste suas prioridades em cada papel que desempenha.

_____

_____

_____

_____

_____

5. Identifique tarefas que podem ser delegadas em casa ou no trabalho e liste-as abaixo. Pratique a arte de delegar para aliviar sua carga e focar no que é essencial.

_____

_____

_____

_____

_____

6. Conecte-se com outras mulheres e compartilhe experiências, conselhos e estratégias para o equilíbrio em suas diversas rotinas diárias.

7. Reserve alguns minutos diariamente para visualizar seus papéis sendo desempenhados com sucesso.

Que esta jornada ressoe em seu coração, assim como ressoou no meu. Que possamos, juntas, embarcar nesta extraordinária aventura para despertar nossa excelência interior. Vá em frente e lembre-se de nunca desistir!

quatro FAMÍLIA, O NOSSO ALICERCE

Em uma pequena casa no campo morava a família Silva: pai, mãe e seus três filhos, João, Maria e Pedro. Eles formavam uma família amorosa, mas, como em qualquer família, cada um tinha sua maneira especial de expressar e receber amor.

O pai, Sr. Silva, era um homem trabalhador e dedicado. Ele expressava seu amor principalmente através de atos de serviço, consertando coisas pela casa, preparando o café da manhã para a família ou ajudando os filhos em suas tarefas escolares. Seu lema era "o amor é demonstrado por meio das ações".

A mãe, Sra. Silva, era uma cozinheira incrível e adorava passar tempo preparando refeições deliciosas para a família. Ela expressava seu amor por meio de presentes, muitas vezes surpreendendo os filhos com suas comidas favoritas ou pequenos mimos que ela sabia que eles iriam adorar.

João, o filho mais velho, era um jovem talentoso e criativo. Ele expressava seu amor por meio da arte: passava horas desenhando e pintando presentes especiais para a família, como retratos deles juntos ou cartões feitos à mão cheios de mensagens de amor e gratidão.

Maria, a filha do meio, era uma estudante dedicada e uma ouvinte atenta. Ela expressava seu amor principalmente por meio de palavras de afirmação, sempre elogiando os pais e irmãos por suas realizações e apoiando-os com palavras gentis e encorajadoras nos momentos difíceis.

Pedro, o caçula, era um menino cheio de energia e amor para dar. Ele expressava seu amor principalmente por meio do toque físico, abraçando os pais e irmãos com entusiasmo e demonstrando seus sentimentos de maneira espontânea e afetuosa.

Houve um tempo na vida da família Silva em que as coisas não iam muito bem. O Sr. e a Sra. Silva se sentiam distantes um do outro, e isso começou a afetar os filhos. As discussões eram frequentes, e a atmosfera em casa era tensa. Um dia, após uma discussão particularmente acalorada, o Sr. Silva decidiu sair para dar um passeio e espairecer. Enquanto caminhava pela estrada rural, encontrou um vizinho idoso que o viu preocupado e decidiu conversar com ele. O vizinho compartilhou sua própria experiência de aprender sobre as cinco linguagens do amor e como isso transformou seu relacionamento com a esposa.

Intrigado, o Sr. Silva voltou para casa e compartilhou o que tinha aprendido com a esposa e os filhos. Foi um momento de revelação para a família, pois eles perceberam que estavam se esforçando para se comunicar e expressar amor de maneiras que não eram entendidas pelos outros. Com essa nova compreensão, a família decidiu fazer um esforço consciente para aprender e praticar as cinco linguagens do amor uns com os outros. Eles começaram a fazer um esforço para expressar amor de maneiras que fossem significativas para cada membro da família, e gradualmente começaram a sentir uma mudança positiva em seu relacionamento.

À medida que o tempo passava, a família Silva se tornava cada vez mais unida. Eles aprenderam a valorizar e respeitar as diferentes maneiras de expressar amor uns pelos outros, e isso os aproximou mais do que nunca. O que começou como um momento de crise se transformou em uma oportunidade de crescimento e fortalecimento para a família, e eles perceberam que, juntos, podiam superar qualquer desafio que a vida lhes apresentasse.

Quem é você nessa história? Você se identificou com algum personagem? E as pessoas da sua família, como expressam e recebem amor?

De acordo com o autor Gary Chapman, no livro *As 5 linguagens do amor*, o amor tem cinco linguagens: **palavras de afirmação, atos de serviço, tempo de qualidade, toque físico e presentes**. São como peças que se encaixam para criar a individualidade de cada um. É como se fossem cores diferentes que se misturam para formar uma pintura única de cada pessoa.

Descobrir como essas linguagens se entrelaçam em minha vida tornou-se uma chave para a construção de conexões mais profundas.

Essa ferramenta poderosa me ajudou a entender melhor como expressamos e recebemos amor nos relacionamentos, pois me mostrou que existem diferentes maneiras de demonstrar afeto e compreender o carinho dos outros. Chapman explica de forma clara e didática como isso pode melhorar nossas relações.

Percebi como é importante entender como as pessoas ao meu redor expressam e recebem amor, especialmente minha família. Afinal, são eles os coautores da minha história. Ao entender como cada um deles demonstra afeto de maneira única, consegui melhorar nossa comunicação e fortalecer nossos laços.

Descobrir como essas linguagens se entrelaçam em minha vida tornou-se uma chave para a construção de conexões mais profundas.

No entanto, essa jornada vai além de apenas descobrir as linguagens do amor. Trata-se de colocar esse entendimento em prática no dia a dia. Ao tentar melhorar meus relacionamentos, percebi que é muito importante expressar amor da forma que seja significativa para a outra pessoa. Isso engloba sair da minha zona de conforto e realmente me esforçar para entender e atender às necessidades emocionais daqueles que são importantes para mim.

O teste das cinco linguagens do amor é uma ótima ferramenta para conhecer melhor a nós mesmas e aos outros. Ao pensar sobre como valorizamos diferentes formas de amor, identificamos nossas necessidades emocionais com mais facilidade. Encorajo você a escanear o QR Code abaixo e fazer o teste para descobrir a sua linguagem do amor. Considere cada afirmação e selecione a opção que melhor representa sua forma de amar e o seu desejo de se sentir amada. Depois compartilhe os resultados nos seus stories do Instagram e me marque, assim poderemos viver essa descoberta juntas.

Teste das cinco linguagens do amor

Agora é a vez dos filhos. Se você é mãe, precisa se aprofundar e conhecer a linguagem do amor deles. Ter mais de um filho vai exigir que você conheça as particularidades de cada um e os trate de modo individualizado, como os seres únicos que são.

Amar e tratar os filhos de maneiras diferentes significa entender que cada criança é única, com suas próprias necessidades e personalidade.

É reconhecer que cada uma tem sua própria cor e seu próprio brilho. Amar de jeitos diferentes permite cuidar melhor de cada pessoa, dando o apoio certo e da forma necessária. Isso ajuda as crianças a crescerem felizes e a se sentirem especiais, sabendo que são valorizadas por ser quem elas são. Quando demonstramos amor de um jeito que elas entendem, isso nos aproxima mais e ainda fortalece os laços familiares, contribuindo para o bem-estar de toda a família.

É importante deixar claro que amar os filhos de forma distinta não significa favorecer um em detrimento do outro, mas sim reconhecer e celebrar as diferenças individuais de cada criança, garantindo que todas se sintam igualmente amadas, importantes e apoiadas, cada uma do seu jeito.

> *Amar e tratar os filhos de maneiras diferentes significa entender que cada criança é única, com suas próprias necessidades e personalidade.*

Sente-se com cada filho, de preferência em momentos diferentes, escaneie o QR Code abaixo e faça o teste para descobrir a linguagem do amor dos seus filhos.

Para aplicar as lições deste livro em nossa vida diária, precisamos incorporar as linguagens do amor em nossas ações. Isso significa mostrar apreço, ajudar, passar tempo juntos, dar carinho e às vezes surpreender com pequenos presentes.

Após realizar os testes, é importante dedicar um tempo para analisar os resultados e refletir sobre como eles podem influenciar seus relacionamentos. Aqui estão algumas sugestões:

1. **Analise seus resultados:** Reserve um momento para revisar suas respostas e identificar quais são suas principais linguagens do amor. Isso vai ajudar você a compreender melhor suas necessidades emocionais e como expressar afeto aos outros.
2. **Compartilhe seus resultados:** Converse com as pessoas próximas sobre suas descobertas. Explique suas principais linguagens do amor e como elas podem contribuir para fortalecer a relação de vocês. Essa conversa aberta pode enriquecer seus laços afetivos.
3. **Pratique o amor de forma intencional:** Faça um esforço consciente para demonstrar carinho nas linguagens que são significativas para as pessoas ao seu redor. Esteja atenta às necessidades emocionais dos outros e disposta a sair da sua zona de conforto para expressar afeto de maneira mais eficaz.
4. **Continue aprendendo:** Mantenha-se receptiva ao aprendizado contínuo sobre as linguagens do amor e como elas se aplicam em diversas situações. Estar aberta para novas descobertas pode enriquecer ainda mais seus relacionamentos.
5. **Cultive relacionamentos saudáveis:** Utilize seu conhecimento sobre as linguagens do amor para fortalecer os laços com as pessoas que são importantes para você. Lembre-se de que o amor é uma jornada contínua, e investir tempo e esforço nos relacionamentos é fundamental para mantê-los saudáveis e significativos.

Descobrir como nos expressamos e recebemos amor fará toda a diferença em seus relacionamentos. Abra seu coração para aprender e praticar essas linguagens para descobrir o quão belas e significativas elas podem ser em sua vida e na vida das pessoas que você mais ama.

cinco NOSSAS MEMÓRIAS MOLDAM O NOSSO FUTURO

Você já parou para pensar por que gosta de certas coisas e de outras não? Ou por que pensa de determinada forma? Por que prefere certas pessoas a outras? Ou determinados lugares a outros?

A resposta é bem simples: você foi influenciada pelas suas memórias. Sim, as decisões tomadas no seu dia a dia estão relacionadas às suas memórias. Mas o que é uma memória? Para a neurociência trata-se de toda informação que pode ser armazenada, guardada nos nossos circuitos neurais e que tem influência no funcionamento do cérebro. Depois que essas memórias são fixadas em nossa mente, elas ditam o ritmo de tudo aquilo que vivemos.

Nossa memória torna-se, assim, um registro cronológico de nossa jornada, um acervo no qual estão gravados os acontecimentos que moldaram nosso ser.

Tudo que vimos, ouvimos e sentimos, desde o ventre de nossa mãe, provocou e ativou uma memória. Pode ser que um dia você tenha chorado sozinha no berço e sua mãe tenha demorado a chegar, gerando uma memória inconsciente de abandono.

Ao aprender sobre isso, pense a respeito de si mesma. Será que guardou **lembranças de acolhimento e afetividade?** Sentiu-se amada? Recebeu colo?

Quando seus pais chegavam em casa, você sentia alegria ou medo? Eles tiveram tempo para você?

O ambiente no qual fomos criadas, as experiências vivenciadas e os sentimentos que nos foram impostos criam memórias e moldam diretamente as crenças sobre

Nossa memória torna-se, assim, um registro cronológico de nossa jornada, um acervo no qual estão gravados os acontecimentos que moldaram nosso ser.

nossa identidade, capacidade e nosso merecimento na vida. Assim, o ritmo de nossas crenças está intrinsecamente ligado às memórias que acumulamos ao longo do tempo.

Você se lembra da pirâmide no início do livro? Agora chegou o momento de entender o que impede você de avançar e trazer questões sobre a sua existência.

- Quem eu sou?
- O que posso fazer?
- O que posso ter?

Essas perguntas estão atreladas às memórias. Pare um pouco e analise quais memórias dão respostas a essas perguntas. Todas as dúvidas que você tem a seu respeito vêm das lembranças armazenadas no seu cérebro.

Reflita e responda a si mesma: todas as suas memórias são positivas? São memórias que agregam valor à sua vida? Elas fazem de você uma mulher vitoriosa e confiante? Ou será que você carrega memórias de autossabotagem e aprisionamento, que a deixam presa em lugares sombrios e tristes?

Ao pensar em suas memórias, adote uma postura intencional e identifique os elementos que contribuíram para a formação de pesos, perdas e resultados negativos. Esse exercício permitirá uma compreensão mais profunda dos fatores que moldaram a sua mentalidade atual.

Todas nós temos memórias boas, contudo também temos a tendência natural de nos apegar às coisas ruins que nos acontecem ao longo da vida.

É graças à soma das suas memórias que você consegue identificar quem é e quais são suas raízes. **Alguém sem memória perde a identidade e não sabe mais quem é.** Somos essencialmente moldadas por elas. Cada lembrança, seja

52 | *Nunca mais quem eu era*

ela antiga ou recente, contribui para a formação da nossa identidade, orientando nossas atitudes, crenças e visão de mundo.

Embora as memórias sejam imutáveis, é possível aprender a **mudar seu significado** e passar a vê-las de forma diferente, como um aprendizado. Ressignificar aquilo que foi registrado como algo ruim é o grande segredo para tornar-se livre daquilo que continua prendendo você ao passado.

Quando olho para minhas lembranças, vejo como cada desafio que superei e cada obstáculo que enfrentei me ajudaram a ser quem sou hoje.

As lembranças ruins não são algo definitivo, temos a chance de mudar a nossa história. Ao decidir dar novos significados a elas estamos moldando o que está por vir.

Vamos juntas ativar novos significados a essas memórias?

Olhar para trás muitas vezes nos faz sentir desconfortáveis. As lembranças que guardamos podem afetar muito como nos sentimos hoje. Mas é preciso olhar para elas com intencionalidade e nos conscientizar do que ainda representam no presente. Elas podem mexer com nossa autoestima, nos paralisar e até nos fazer agir contra nós mesmas.

Imagine que você tem uma espécie de "copo" mental, no qual as memórias vão sendo depositadas. Quando pensamos assim, percebemos a importância de trazer à consciência aquelas que foram depositadas com maior intensidade emocional. Seja uma lembrança de quando você tinha 1 ano de idade, uma queda aos 2 anos ou as complexidades das relações familiares aos 5 anos, cada acontecimento carrega consigo um significado que afeta nossa percepção de nós mesmas.

As memórias não estão restritas àquilo que recordamos com clareza. O inconsciente desempenha um papel essencial, moldando nossas ações e reações com base em memórias de que talvez não tenhamos plena consciência. A criança que sentiu o medo de ser negligenciada aos 3 anos pode, inconscientemente, desenvolver padrões de relacionamento marcados pela busca constante de aprovação. Essa complexidade reside também na relação entre frequência e intensidade emocional. Acontecimentos que ocorreram repetidas vezes, carregados de significado emocional, deixam marcas profundas em nosso ser.

Se você, assim como eu, testemunhou frequentes brigas conjugais e muito estresse, essas memórias moldaram a percepção do lar como um espaço de tensão e insegurança. Muitas vezes esses ambientes geram alguém que não consegue se sentir pertencente, sem voz e que sente que incomoda quem está à sua volta.

Quando não desenvolvemos memórias afetivas suficientes para nos sentir amadas, não somos capazes de expressar o amor verdadeiro, simplesmente porque não há o registro desse sentimento em sua forma mais pura e verdadeira. E também não conseguimos acessar o amor do Senhor. A frase "ame a Deus acima de tudo e ame o próximo como a si mesmo" começa a ganhar um sentido mais claro. O verdadeiro amor ao próximo, a começar pela família, só pode florescer quando sentimos esse amor em nosso lar, e assim conseguimos cultivar o amor autêntico por nós mesmas.

Relembrar pode doer, mas não tenha medo! Tudo isso faz parte do processo de cura. Esteja pronta para encarar o desafio de dar novos significados às coisas que já viveu. Esse processo de transformação exige olhar atento, disposição para enfrentar o desconforto e compreensão de que, ao abraçar e transformar nossas memórias, podemos moldar um presente e um futuro mais alinhados com a verdade de quem realmente somos.

Até conseguir me libertar das memórias do passado, me sentia incapaz de realizar coisas grandes; fiquei presa à mediocridade por dar muito valor às lembranças que deveriam ter ficado para trás. Mas decidi encarar isso e abrir mão das vozes do passado que travavam meu futuro. Escolhi ressignificá-las e isso me liberou do lugar escuro de culpa, dor, rejeição, medo, abandono e vergonha, para seguir em frente e fazer tudo que nasci para fazer.

As leis da memória

Ao investigar como a mente funciona, descobri duas regras importantes sobre o funcionamento da memória:

54 | *Nunca mais quem eu era*

- a vivacidade da impressão;
- a percepção das primeiras sensações.

Essas leis realmente mostram como nosso passado é complicado e nos ajudam a entender as diferentes experiências que tivemos. A força de uma memória está na **intensidade da impressão deixada por ela**. Quanto mais forte a emoção ligada à experiência, mais difícil é esquecê-la. É como uma dança entre o que realmente aconteceu e o impacto que isso teve em nós, uma lembrança que ecoa por muito tempo. Nossas memórias são poderosas, capazes de nos transportar para momentos que marcaram nossa vida com emoção intensa, sejam eles de alegria ou de dor.

A lembrança de uma festa de aniversário surpresa evoca uma explosão de sentimentos positivos. O coração se enche de calor ao recordar o momento em que, de repente, todas as pessoas queridas se reuniram para celebrar a sua existência. A surpresa estampada no rosto dos amigos e familiares, o brilho nos olhos, as risadas e os abraços compartilhados... Ah, é como se você pudesse sentir novamente a alegria transbordando no ar. Essa lembrança é como um raio de sol em um dia nublado, sempre capaz de trazer um sorriso ao seu rosto.

No entanto, há também aquelas que nos fazem tremer e que estão carregadas de dor e tristeza. Aquela "surra" recebida do pai, sem entender por quê, ainda ecoa como uma ferida aberta na alma. O medo, a confusão, a sensação de injustiça... Tudo isso permanece vivo, como se o tempo não fosse capaz de apagar a cicatriz deixada por aquele momento. É como se essa memória fosse um fantasma do passado, sempre à espreita, pronto para ressurgir e reavivar a dor.

Essas lembranças, tanto as positivas quanto as negativas, moldam quem somos e como percebemos o mundo ao nosso redor. Elas nos ensinam lições profundas sobre amor, dor, perdão e superação. E mesmo que algumas sejam difíceis de encarar, é importante **reconhecê-las e aprender com elas.**

A segunda lei fala sobre como as primeiras sensações que temos, como visão, audição, cinestesia e olfato, são super importantes na formação da nossa história pessoal. Elas são como guardiãs das nossas primeiras lembranças e ajudam a dar sentido a cada experiência que vivemos. Essas sensações, por meio de conexões no cérebro, moldam como vemos o mundo ao nosso redor.

A memória, então, emerge como protagonista nos rituais de associação, essencial para a assimilação de nossas vivências. A consciência do passado, conforme delineada pela neurociência, é um catalisador que molda o presente. Seja consciente ou inconscientemente, somos cativos das memórias, cujas teias se entrelaçam na complexidade de nossos relacionamentos, escolhas e emoções.

As memórias do passado têm o poder de colorir nosso presente de maneiras inimagináveis.

Sempre que revivemos sensações, cheiros, medos e culpas, as memórias do passado são ativadas, seja de forma consciente ou inconsciente. E assim relacionamos a experiência passada e tudo que nos aconteceu com a experiência atual. Sendo assim, suas reações de hoje acontecem conforme suas reações de ontem.

Pode ser que a forma como você tem se blindado durante toda sua vida adulta tenha raízes em suas memórias do passado e isso esteja destruindo seu casamento e o relacionamento com seus filhos, machucando as pessoas que você mais ama, enquanto segura essa mochila cheia de marcas do passado.

> *As memórias do passado têm o poder de colorir nosso presente de maneiras inimagináveis.*

Abra mão desse passado que lhe tem trazido tanta dor. Pare de se apegar e se prender a ele.

Sempre que você foge ou rejeita a ideia de enfrentar suas memórias mais dolorosas, ocorrem dois tipos de reações, uma **fisiológica** e outra **comportamental.**

Fisiologicamente, seu corpo começa a gerar doenças, especialmente as autoimunes e crônicas. É uma tentativa do corpo de jogar aquela dor para fora.

A reação comportamental vai lhe desligar de si mesma e fazer com que fuja de sua realidade e identidade, uma vez que essas memórias fazem parte da sua história. Quando isso acontece, além de se desligar de si você se desligará do outro, e isso não poderia ser mais destrutivo.

O que realmente faz a diferença é poder olhar de novo, dar novo sentido e enfrentar as memórias que nos influenciaram. A verdade é que, ao entender

56 | *Nunca mais quem eu era*

Abra mão desse passado que lhe tem trazido tanta dor. Pare de se apegar e se prender a ele.

e mudar nossas lembranças, não só mudamos o que aconteceu antes, mas também criamos um presente e um futuro que combinam com quem realmente somos.

Quando exploramos nossas lembranças, abrimos caminho para mudar e nos sentir livres.

Permita-se acessar as suas memórias e imprimir um novo significado a cada uma delas com a ajuda de Cristo, que vive em você. Pergunte-se quais experiências têm proporcionado a Ele através de seu corpo e comportamento. Aprenda a relacionar-se com Deus e sentir-se amada por Ele, afinal, antes de qualquer memória foi Ele quem criou você para viver nesta Terra e ser feliz.

Quando exploramos nossas lembranças, abrimos caminho para mudar e nos sentir livres.

A partir do momento que acessar esse primeiro amor, garanto que você será suprida de todas as lacunas e feridas geradas no passado e conseguirá criar uma nova realidade para a sua vida.

TAREFAS:

1. Comece um diário das emoções. Anote e analise o que é recorrente em suas memórias, buscando padrões de pensamento ou comportamento que se repetem ao longo dos dias.

2. Identifique se há elementos que contribuem para a autossabotagem e pense em estratégias para mudar esses padrões. Liste-as abaixo.

_____

_____

_____

_____

_____

Nossas memórias moldam o nosso futuro | 57

3. Escolha uma memória desafiadora e experimente reinterpretá-la sob uma perspectiva mais positiva. Dê a ela um novo significado.

4. Como as sensações iniciais moldaram sua percepção na época? Elas ainda têm influência em sua vida?

5. Observe seu diálogo interno em situações desafiadoras e desenvolva afirmações positivas que possam contrabalançar pensamentos autossabotadores. Acredite. Fazer isso vai mudar a sua vida!

seis SISTEMA DE CRENÇAS

No capítulo anterior, abordei como nossas memórias moldam nossas crenças, influenciando diretamente nossa maneira de viver e agir em diversas áreas da vida. Essas crenças podem ser tanto limitantes quanto fortalecedoras, dependendo do significado que lhes atribuímos. Elas nos influenciam em áreas como relacionamentos, finanças, saúde e felicidade como um todo, determinando o ritmo da nossa existência.

As crenças são construções internas baseadas nos significados que damos às nossas experiências.

Elas podem estar profundamente enraizadas em memórias que residem em nosso inconsciente, afetando nossas percepções e nossos comportamentos de maneira inconsciente. A falta de acesso a essas memórias pode limitar nossa capacidade de mudança e transformação, e é por isso que a conscientização é tão fundamental para construir uma nova narrativa de vida.

> *As crenças são construções internas baseadas nos significados que damos às nossas experiências.*

Essas crenças influenciam todos os aspectos da nossa vida, desde escolhas e comportamentos até saúde e relacionamentos. Elas moldam nossa identidade e autoimagem, determinando como percebemos a nós mesmas e ao mundo ao redor. Seus efeitos se estendem à família e aos filhos, interferindo na dinâmica familiar e nas experiências que compartilhamos.

Faça uma análise nas diferentes áreas de sua vida e veja como as crenças têm impactado seus resultados até o momento e influenciado em seu presente e futuro. Se você não está satisfeita em determinadas áreas, é provável que crenças limitantes estejam agindo como barreiras para seu progresso.

Identificar e modificar crenças limitantes é essencial para a sua transformação pessoal.

Esteja disposta a ter autoconsciência para mudança, assim como a aceitação de que você merece resultados positivos em todas as áreas de sua vida. Superar crenças de não merecimento e comprometer-se a agir de maneira intencional para construir crenças fortalecedoras é fundamental para alcançar uma vida mais plena e satisfatória.

Chegou o momento de uma reflexão profunda, uma conscientização que servirá como ponto de partida para a transformação, levando você à sua versão mais empoderada e realizada.

Identificar e modificar crenças limitantes é essencial para a sua transformação pessoal.

O sistema de crenças é fundamentado em três componentes essenciais: **identidade, capacidade e merecimento**. São elas que moldam a personalidade e influenciam o nosso comportamento diário, determinando a forma como nos percebemos e interagimos com o mundo. De uma forma mais detalhada explicarei a pirâmide que você tem acompanhado desde o início do livro:

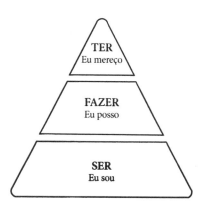

- **A crença de identidade:** é central nesse sistema, refletindo como você se vê em diferentes áreas da vida. Uma identidade fortalecida promove autoestima, confiança e uma visão positiva sobre si mesma. No entanto, crenças limitantes sobre a identidade podem gerar inseguranças, medo da opinião alheia e receio de reprovação.

Uma identidade fortalecida resulta em relacionamentos positivos consigo mesma e com os outros.

- **A crença de capacidade:** refere-se à convicção de ser capaz de realizar tarefas desafiadoras, independentemente de sua complexidade. Esta crença pode ser fortalecedora, impulsionando a ação, ou limitante, resultando em uma visão de incapacidade para realizar certas atividades.

Ela determina a percepção das suas habilidades e do seu potencial. Quando a crença de capacidade é robusta, a execução de ações produtivas torna-se mais eficaz. Por outro lado, uma crença frágil pode levar a comportamentos disfuncionais e a uma busca incessante por validação externa.

No entanto, focar exclusivamente na crença de capacidade pode ter consequências negativas, especialmente quando condicionamos nosso valor apenas ao que realizamos, pois resultará numa busca incessante por validação externa e, assim, você levará uma vida desequilibrada, na qual o sucesso é medido apenas por realizações externas.

- **A crença de merecimento:** determina aquilo que acreditamos merecer em diferentes áreas da vida, como relacionamentos, finanças e carreira. A crença de merecimento é fundamental para usufruir dos frutos conquistados. Porém, se ela é escassa, mesmo conquistando realizações você se sentirá incapaz de desfrutar plenamente dos resultados. Já uma crença de merecimento equilibrada é essencial para alcançar uma vida próspera e satisfatória.

Sistema de crenças | 61

Por fim, a crença de não merecimento pode criar um ciclo vicioso, caracterizado por perdas, inabilidade de concluir tarefas iniciadas e pela necessidade de recomeçar constantemente.

A escolha de quebrar esses padrões é uma decisão fundamental para alcançar uma vida plena e significativa.

Muitas vezes nos vemos presas em um ciclo de perdas, incapazes de concluir o que começamos e vivemos constantemente recomeçando. Essa dinâmica está enraizada em crenças limitantes, especialmente a de não merecimento. Essa crença é como um obstáculo que nos impede de usufruir dos resultados positivos que conquistamos.

Ao relembrar experiências passadas, percebo como atribuí significados a esses eventos e construí crenças que influenciam meu comportamento atual. É um ciclo que envolve pensamentos, sentimentos e crenças, e entender esse processo foi fundamental para a minha transformação — e tenho certeza que será para você também.

A escolha de quebrar esses padrões é uma decisão fundamental para alcançar uma vida plena e significativa.

Ao analisar um cenário caótico, como um acidente de carro, percebo que posso escolher conscientemente como interpretar e comunicar essa situação a mim mesma. Posso gerar pensamentos que me fortalecem, vendo o lado positivo e reconhecendo que, apesar das dificuldades, estou viva, meus filhos estão bem e o carro tem seguro.

Essa mudança na comunicação cria uma nova crença, uma perspectiva de que posso superar desafios e que tudo ficará bem.

Entender a matriz de formação de crenças fortalecedoras lhe oferece a oportunidade de mudar conscientemente seu padrão de pensamento, ou seja, comunicar experiências de forma positiva, gerando pensamentos e crenças construtivas, e moldar a sua realidade de uma maneira mais positiva.

Essa mudança na comunicação cria uma nova crença, uma perspectiva de que posso superar desafios e que tudo ficará bem.

Decida adotar uma abordagem consciente na formação de suas crenças. Escolha interpretar as situações de maneira positiva, comunicando a si

Nunca mais quem eu era

mesma pensamentos fortalecedores e gerando crenças que lhe impulsionam na direção desejada.

Transformando crenças negativas em positivas

Você está disposta, de fato, a alcançar um novo nível de transformação? Um lugar no qual as crenças serão aliadas à busca por uma vida cheia de realizações?

Para que isso aconteça, compreenda a importância de mudar crenças relacionadas a **identidade, capacidade e merecimento.**

Estou aqui para lhe ajudar nesse processo, e por isso quero encorajar você a criar novas declarações. A partir de agora você vai fazer as afirmações abaixo, que reforçam uma visão positiva de si mesma. Leia essas afirmações todos os dias ao acordar. E depois de declará-las com a sua voz você vai criar novas declarações, ou seja, escrever suas próprias afirmações:

Afirmações de identidade:
- Eu sou feliz;
- Eu sou bonita;
- Eu sou alegre;
- Eu sou simpática;
- Eu sou saudável;
- Eu sou atenciosa;
- Eu sou compreensiva;
- Eu sou fiel;
- Eu sou abençoada;
- Eu sou paciente;
- Eu sou otimista;
- Eu sou próspera;
- Eu sou bem-sucedida;
- Eu sou disciplinada;
- Eu sou competente;
- Eu sou confiante;
- Eu sou uma realizadora de sonhos;

- Eu sou mais que vencedora;
- Eu sou amável;
- Eu sou verdadeira;
- Eu sou sábia;
- Eu sou corajosa;
- Eu sou líder;
- Eu sou equilibrada.

Crie abaixo as suas próprias declarações a respeito da sua identidade e reforce a sua verdadeira essência:

_____

_____

_____

_____

_____

Afirmações de capacidade:
- Eu posso concluir projetos;
- Eu falo bem em público;
- Eu cuido da minha saúde;
- Eu sou capaz de executar tarefas;
- Eu cumpro as minhas decisões;
- Eu posso realizar grandes projetos;
- Eu posso multiplicar a minha renda

Crie suas próprias declarações a respeito da sua capacidade nas linhas abaixo:

_____

_____

_____

_____

_____

Afirmações de merecimento:

- Eu mereço ter alegria;
- Eu mereço aproveitar as férias no lugar que escolher;
- Eu mereço usufruir do meu dinheiro;
- Eu mereço ter qualidade de vida;
- Eu mereço ter um casamento feliz e abençoado;
- Eu mereço ganhar dinheiro;
- Eu mereço ter uma família unida;
- Eu mereço viver em paz;
- Eu mereço comprar algo novo sempre que desejar;
- Eu mereço me divertir;
- Eu mereço usufruir do meu tempo livre;
- Eu mereço conquistar coisas novas;
- Eu tenho muita sorte;
- Deus merece o meu melhor;
- Eu mereço ser minha melhor versão para Deus, meus filhos e meu marido.

Agora faça suas próprias declarações e gere novas crenças de merecimento:

_____

_____

_____

_____

_____

Ao comprometer-se com essas afirmações intencionais você vai começar a trilhar um caminho de transformação profunda em direção à vida que sempre sonhou. Essas palavras positivas não são apenas declarações, são sementes que levarão você a colher uma nova perspectiva positiva sobre o seu futuro.

Acredite! Não são apenas palavras ao vento; são alicerces que sustentarão a construção de uma nova realidade.

Acredite! Não são apenas palavras ao vento; são alicerces que sustentarão a construção de uma nova realidade.

Grupos das crenças

De acordo com o livro *Poder e alta performance*, de Paulo Vieira, sistemas de crenças podem ser subdivididos em cinco grupos distintos:

O primeiro grupo consiste nas **crenças do indivíduo**, centradas no "eu". São reflexões sobre quem sou, o que posso alcançar e o que mereço. Essas crenças moldam a sua autoimagem e orientam as escolhas que faz na vida.

O segundo grupo refere-se às **crenças de princípios e valores**. Elas determinam o que você considera certo e errado, baseando-se em seus princípios fundamentais. Por exemplo, se você acredita que tirar proveito de uma situação é uma vantagem, isso vai se refletir num conjunto específico de crenças nessa categoria.

O terceiro grupo envolve as **crenças de reconhecimento**, relacionadas à forma como vemos o mundo e as pessoas ao nosso redor. Essas crenças afetam a sua percepção do ambiente, determinando se o mundo é visto como um lugar positivo, onde as pessoas podem crescer, ou se é percebido de maneira negativa.

O quarto grupo aborda as **crenças espirituais**, que se relacionam com a compreensão de quem é Deus, o que Ele representa e o que Ele pode fazer. As crenças espirituais são fundamentais para a nossa perspectiva sobre a vida e o nosso propósito.

Por fim, o quinto grupo engloba as **crenças traumáticas**, resultantes de experiências dolorosas vivenciadas. Essas crenças podem impactar negativamente a forma como percebemos situações semelhantes no presente, criando padrões de pensamento condicionados pelos traumas passados.

Cada um desses grupos de crenças exerce uma influência única em sua mentalidade e em seu comportamento. Por esse motivo é importante identificá-los e compreendê-los para que novos significados sejam impressos em sua vida e você viva novos padrões fortalecedores.

Quando falo de sistemas de crenças e programação mental, me refiro a um processo neurológico comprovado cientificamente há milhares de anos. A programação mental é uma rede de sinapses neurais, conexões neurológicas consolidadas ao longo da vida, especialmente na infância.

As experiências positivas, como amor, pertencimento e validação, formam sinapses neurais que geram padrões de crenças positivas. Por outro lado, experiências negativas, traumáticas ou padrões disfuncionais resultam em sinapses neurais que moldam padrões de crenças limitantes.

Mudar esses padrões requer conscientização e esforço intencional.

Um exemplo claro envolve crenças relacionadas ao dinheiro. Se durante a infância alguém ouve repetidamente que dinheiro é sujo, que todo rico é arrogante ou que quem tem dinheiro engana os outros, essas crenças limitantes se enraízam e impactam significativamente nas finanças pessoais. A mudança desses padrões não é um processo fácil, mas é um caminho necessário para alcançar uma transformação significativa na vida.

Ao reconhecer a influência desses sistemas de crenças, podemos iniciar um processo de mudança rumo a uma mentalidade mais positiva e a resultados mais prósperos.

Quando consideramos a influência do ambiente na formação de crenças, é evidente que uma criança criada em um ambiente amoroso, próspero, esperançoso, pacífico, respeitoso e acolhedor tem maior probabilidade de desenvolver crenças positivas.

Essas crianças tendem a se tornar adultos bem-sucedidos, amorosos, empáticos e confiantes, refletindo os padrões estabelecidos durante a infância.

> *Mudar esses padrões requer conscientização e esforço intencional.*

Destaco a importância de perceber como as crenças de merecimento podem impactar a vida. No caso dos meus filhos, observo que a crença de merecimento deles é elevada, o que é positivo.

No entanto, é preciso equilibrar essa crença, assegurando que a compreensão do merecimento esteja alinhada com a responsabilidade e a ação.

Por exemplo, é benéfico que meus filhos saibam que merecem coisas boas, mas é essencial incentivá-los a fazer a sua parte e contribuir para alcançar essas coisas. Isso envolve fortalecer não apenas a crença de merecimento, mas também as crenças de identidade e capacidade.

Uma crença de identidade fortalecida ajuda a moldar a personalidade, enquanto a crença na capacidade impulsiona a execução de ações produtivas.

Cultivar crenças equilibradas em identidade, capacidade e merecimento é o mesmo que construir uma base sólida.

Ao desvendar a origem de nossas crenças, podemos entender melhor como elas impactam nossa vida a curto e longo prazo. Esse processo de reflexão é vital para nossa evolução pessoal, permitindo-nos reescrever as narrativas que moldam nossa jornada.

Abrace essa jornada de autodescoberta e crescimento, torne-se mais consciente das influências que moldam sua vida e capacite a si mesma para criar uma narrativa mais alinhada com seus verdadeiros valores e anseios.

Permita-se trilhar um caminho mais autêntico e gratificante em direção ao seu potencial pleno.

> *Cultivar crenças equilibradas em identidade, capacidade e merecimento é o mesmo que construir uma base sólida.*

TAREFAS:

IDENTIFICANDO SUAS CRENÇAS:

1. Liste pelo menos cinco crenças que você tem sobre si mesma e que podem estar limitando seu potencial.

_____

_____

_____

_____

_____

2. Observe essas crenças e reflita sobre como elas influenciaram suas decisões e ações no passado.

_____

_____

_____

_____

68 | *Nunca mais quem eu era*

RESSIGNIFIQUE:

3. Reescreva essas crenças, dando um novo significado a cada uma delas.

_____

_____

_____

_____

_____

4. Repita essa nova crença para si mesma todos os dias durante 21 dias.

5. Leia um dos livros abaixo sobre crenças limitantes:
   - *Comece pelo porquê*, de Simon Sinek
   - *Crenças: Caminhos para a transformação pessoal*, de Robert Dilts
   - *Você pode curar sua vida*, de Louise L. Hay
   - *O poder do agora*, de Eckhart Tolle
   - *Mindset: A nova psicologia do sucesso*, de Carol S. Dweck
   - *Pense & enriqueça*, de Napoleon Hill

Trabalhar com suas crenças é um processo contínuo e pode levar tempo. Seja paciente consigo mesma e esteja disposta a se adaptar à medida que ganha *insights* sobre como suas crenças afetam sua jornada em busca do seu propósito de vida.

sete A REJEIÇÃO É A RAIZ DO ORGULHO

O orgulho é muitas vezes associado a uma sensação de autoestima inflada, uma visão exageradamente positiva de nós mesmas que pode surgir como uma resposta compensatória a sentimentos de inadequação ou insegurança. Muitas vezes ele se manifesta na recusa em admitir que estamos erradas ou que falhamos. Em vez de reconhecer nossas fraquezas, nosso orgulho nos impulsiona a nos proteger, erguendo uma fachada de confiança e autoimportância para mascarar a dor interior.

Ele atua como um mecanismo de defesa contra a vulnerabilidade, e pode nos impedir de admitir nossos verdadeiros sentimentos e nos levar a adotar uma postura defensiva ou arrogante para nos proteger da possibilidade de ser feridas novamente. Uma vez que já sofremos tanto com falas vindas de pessoas que amamos, como nossos pais, avós, professores, pastores, padres etc., vestimos uma armadura e dizemos para nós mesmas: "Ninguém mais vai me machucar."

O orgulho não surge magicamente dentro de nós. Ele tem uma raiz profunda, a rejeição.

A rejeição é um sentimento ocasionado por uma memória dolorosa da infância, fazendo com que você não acredite no seu valor e muito menos que

70 | *Nunca mais quem eu era*

pode ser amada. E, na fase adulta, um simples "não" ativa esses sentimentos, e os conflitos aumentam.

Se quando criança você presenciou os comportamentos abaixo nos seus pais, é possível que esse sofrimento tenha gerado feridas de rejeição e, consequentemente, de orgulho, essa armadura destrutiva:

- Brigas no casamento;
- Impaciência;
- Abandono;
- Palavras de acusação;
- Adultério;
- Bebidas e drogas;
- Surras;
- Castigos exagerados;
- Abuso sexual;
- Críticas;
- Comparação;
- Falta de amor;
- Maus-tratos.

> *O orgulho não surge magicamente dentro de nós. Ele tem uma raiz profunda, a rejeição.*

Esses comportamentos são apenas alguns dos que nos revelam o sentimento de rejeição que nasce por meio das memórias dolorosas da infância. Você já passou por alguma dessas situações com seus pais?

Se a sua resposta for sim, você manifesta essa rejeição sendo uma mulher insegura, ciumenta, impaciente, vitimista, cheia de medos e sentimento de culpa por tudo, sente-se inferior perto de outras pessoas, desconfia de tudo e todos, é viciada em ser produtiva e se sente culpada por parar para descansar, critica a si mesma e todos ao seu redor, tem vício em comida, álcool, drogas etc. Se você apresenta algum desses comportamentos, significa que a sua mulher adulta está manifestando as dores da criança ferida. Na tentativa de se proteger contra o impacto doloroso da rejeição, o orgulho pode surgir como um escudo emocional. Ao erguer uma fachada de autossuficiência, buscamos evitar encarar diretamente o medo de ser desprezados.

Aquela que foi rejeitada um dia também vai rejeitar! Aquela que foi curada está pronta para curar!

Mas o problema é que começamos a ferir aqueles que realmente se importam conosco, como filhos, marido, amigos. A rejeição tem um forte impacto nos nossos relacionamentos e resultados. Vejo mentoradas com casamentos chegando ao fim, filhos com problemas emocionais sérios e envolvidos com drogas, problemas financeiros e, quando vamos fazer uma investigação profunda, descobrimos o sentimento de rejeição enraizado.

Aquela que foi rejeitada um dia também vai rejeitar! Aquela que foi curada está pronta para curar!

O medo da rejeição se disfarça sob a máscara do orgulho, manifestando-se como resistência a demonstrar vulnerabilidade ou a admitir falhas, como um escudo de autoproteção.

Acredite, o orgulho pode acabar com a sua vida, pois anula a consciência sobre ele e suas consequências, e nos deixa cegas e vitimistas. Ele compromete a autorresponsabilidade e põe todo o peso sobre o outro.

O que o orgulho já roubou da sua vida? Pessoas? Lugares? Relacionamentos? Casamento? Filhos? Sua saúde? O que mais?

Talvez você esteja pensando: "Mas não sou orgulhosa!" Sinto muito em lhe dizer que essa fala indica o oposto. Quando não reconhecemos o quão orgulhosas podemos ser, retiramos de nós mesmas a responsabilidade pelas atitudes que tomamos.

Não saber identificar os nossos erros é algo bastante perigoso. Maior do que o meu pecado

Somente a consciência nos coloca diante da verdade.

e tudo que aprisiona o meu coração ou do que qualquer falha que cometi, no presente ou no passado, é a minha falta de consciência sobre esses atos. Quanto menos consciência, maior é o orgulho. Muitas vezes nos julgamos inocentes e retas ainda que tudo esteja apontando o contrário.

Somente a consciência nos coloca diante da verdade.

Por muito tempo fui essa mulher sem consciência dos próprios atos e sem responsabilidade para aceitar que a vida que estava vivendo era consequência

72 | *Nunca mais quem eu era*

das minhas escolhas e decisões do passado. Satanás tem prazer em esconder de nós quem temos sido como esposas, mães, amigas ou profissionais. Ele faz isso por meio do orgulho, da prepotência e autossuficiência que entram em nossa vida através das nossas feridas.

Durante anos me mantive em uma narrativa na qual me descrevia como uma mulher corajosa e bem resolvida. Por muito tempo mantive uma busca incessante pela minha verdadeira essência, mas preservei as camadas de proteção tecidas pelo orgulho. Mas, quando o véu que cobria os meus olhos caiu, pude perceber que meu comportamento nunca foi o de uma mulher forte, mas sim de uma vitimizada.

O orgulho é uma proteção mentirosa que oprime e faz infeliz a quem não tem essa consciência.

A sua jornada de autodescoberta será marcada pela compreensão profunda dos sentimentos e dos rótulos que vem abraçando ao longo dos anos.

Trazer à consciência implica trazer à tona a origem da sua dor. Ela não vai doer para prejudicar você, mas sim para libertá-la. Dói porque esse é um processo genuíno que depende mais das suas escolhas e decisões do que das de outras pessoas. O orgulho muitas vezes se apresenta como uma armadilha que busca resguardar nosso ego. Ele tenta evitar que identifiquemos as narrativas e histórias que contamos a nós mesmas, essenciais para desempenhar os papéis que assumimos na vida, como o de mães, esposas, funcionárias, empresárias.

Quais têm sido as suas narrativas? Quais justificativas tem dado a si mesma a respeito de as áreas que não estão dando certo em sua vida?

Tenha coragem! A consciência é um processo diário, uma jornada constante de autorreflexão. Reconhecer diariamente quem se deseja ser, caindo e levantando, é parte essencial dessa jornada em direção à melhor versão de si mesma. Cada identificação de desalinhamento é uma escama que se desfaz dos olhos, clareando a visão e proporcionando um autoentendimento mais profundo.

O orgulho é uma proteção mentirosa que oprime e faz infeliz a quem não tem essa consciência.

Como diz em João 8:32 (NVI): "Conhecereis a verdade, e a verdade vos libertará." A busca pela verdadeira consciência é o caminho para a libertação e a transformação genuína. Assim como somos aceitas por Jesus, quando abraçamos a consciência pessoal avançamos na nossa jornada com compaixão e autenticidade, refletindo o estilo de vida compassivo e amoroso que Ele nos ensinou.

Jesus compreende e acolhe a bagunça que somos, e por isso eu a encorajo a enfrentar quem você tem sido o mais rapidamente possível. Essa abordagem sincera é essencial para compreender a origem e o destino desejado.

Quando eu era menina e adolescente, passei por momentos difíceis no meu lar, presenciei muito sofrimento da minha mãe no seu relacionamento com meu pai. Ele a traiu por muito tempo, e ela, por amá-lo demais, era muitas vezes omissa em relação a tudo que ele fazia. Presenciei por diversas vezes minha mãe chorando, discutindo com meu pai e tentando resolver aquela situação. Mas ele era de pouco diálogo, vivia para cumprir suas obrigações de homem da casa, mas quase nunca exercia sua missão de esposo e pai.

Ao presenciar e conviver com essa situação aprendi algumas coisas, e uma delas foi que homens não são fiéis e justos. A outra foi que em algum momento a mulher vai sofrer no relacionamento. Onde deveria ser nosso ambiente de maior exemplo e proteção na maioria das vezes é onde o orgulho começa a criar raízes.

A dor que você vive hoje está sendo causada pelo seu orgulho.

E qual foi a consequência disso? Já iniciei meu casamento com a crença de que algum dia viveria o mesmo que minha mãe e, para me proteger, o orgulho se manifestava diariamente. Eu me considerava uma mulher exemplar por nunca falar mal do meu marido para minha sogra ou outros membros da família e por desempenhar bem minhas funções na casa e com meus filhos. Mas isso na verdade era o mínimo que eu poderia fazer por eles.

Como estão seus comportamentos? Você é como eu, precisando mostrar que é uma mulher forte, que dá conta de tudo sem pedir ajuda? Em caso afirmativo, peça a Deus que lhe traga clareza a respeito das suas atitudes e do seu comportamento.

Você foi criada à imagem e semelhança de Deus e, por essa razão, o bom comportamento deve ser inerente à sua natureza. Gabar-se disso é dar lugar à vaidade e se tornar alvo fácil do diabo.

A dor que você vive hoje está sendo causada pelo seu orgulho.

74 | *Nunca mais quem eu era*

A Bíblia nos diz em Tiago 4:6 (NVI): "Deus se opõe aos orgulhosos, mas concede graça aos humildes." Ou seja, o orgulho é tão prejudicial que Deus deixou isso muito claro nas Escrituras Sagradas.

É um caminho construído por meio da falta de perdão, da impaciência, da prepotência, da vitimização, da autossuficiência devido à negação em pedir ajuda e do sentimento de perfeccionismo e superioridade em relação às atitudes dos outros. Continuar assim lhe trará ainda mais danos, prejuízos, angústias e tristezas.

Está na hora de tirar a capa do orgulho e despir-se da proteção que criou para manter intocadas as feridas da sua alma.

Permita-se ser curada, atente-se para os comportamentos que estão revelando o seu orgulho e não tenha vergonha. Escolha diariamente ter um coração sensível e disposto a aprender e o perdão como estilo de vida, e abra mão dessa falsa proteção chamada orgulho.

Rótulos

Desde que nascemos somos rotuladas de várias formas: chata, intrometida, chorona, emburrada, burra, inteligente, desastrada, porca, desorganizada, e até palavras mais pesadas como vagabunda etc. Frases do tipo: "Você não vai chegar a lugar nenhum", "Você foi um erro", "Você só me atrapalha" também marcam nossa identidade. São etiquetas que moldam como nos vemos e como interagimos com o mundo. Com o tempo, esses rótulos podem nos proteger, mas também nos afastar das nossas emoções e das conexões com os outros.

Esses rótulos têm o poder de esculpir nossa identidade e determinar as nossas expectativas.

Eu era a chorona, minha mãe me via como uma criança muito frágil, que chorava por tudo. Depois de um tempo entendi que chorava por conta de uma carência: a presença paterna. Como disse anteriormente, meu pai estava presente de corpo, mas não era presente como um pai deve ser. Por causa dessa ausência ganhei o rótulo de chorona e, consequentemente, acabava "atrapalhando" a todos com o meu comportamento, pois fazia a minha mãe se preocupar com a minha fragilidade e talvez meu pai se ausentar ainda mais por falta de paciência.

Com o sentimento de rejeição e o aumento da carência paterna, criei em mim o vício de ser rejeitada pelos homens. Lembro-me de me apaixonar por um menino da igreja aos 15 anos. Começamos a namorar, e por um ano vivi um relacionamento totalmente abusivo. Um dia ele me deu um tapa na cara, e depois descobri que ele tinha me traído algumas vezes. Mas, mesmo assim, eu queria manter aquela relação. Já no meu casamento foi o oposto, meu marido nunca foi abusivo, tampouco agressivo, mas trabalha fora do país, e a sua ausência costumava ser um ponto sensível para mim. No início, foi muito difícil, pois eu mesma procurava situações para me sentir rejeitada, não amada e muitas vezes desconfiava de ser traída. Mas com o tempo fui entendendo e trazendo à consciência que isso fazia parte das feridas que eu carregava, não do meu marido nem do meu casamento.

Você consegue identificar algum rótulo da sua infância que trouxe para a vida adulta?

Abaixo vamos explorar alguns dos principais rótulos atribuídos durante o nosso desenvolvimento:

1. **A Inteligente:** Muitas vezes surge quando uma criança demonstra habilidades cognitivas precoces. Embora o elogio seja bem-intencionado, pode criar uma mentalidade fixa, na qual a criança **teme falhar** e ter a sua inteligência questionada.

Porém, à medida que as crianças crescem, percebem que ser inteligente vai além de simplesmente saber muitas coisas. Esse entendimento dá lugar à compreensão de que a verdadeira sabedoria envolve não apenas o acúmulo de informações, mas também a aplicação sensata desses conhecimentos à vida.

2. **A Comportada:** Geralmente atribuído a crianças que seguem regras e normas. Embora a obediência seja valorizada, esse rótulo pode gerar uma **pressão constante** para a conformidade, limitando a expressão individual e a exploração criativa.

No entanto, ser considerada "comportada" muitas vezes leva à busca por uma autonomia equilibrada. Seguir regras dá lugar a questionamentos cuidadosos, marcando o caminho para a maturidade, momento em que tomar decisões conscientes substitui seguir apenas o que é esperado.

3. **A Atleta:** Torna-se marcante para aqueles dotados de aptidões físicas notáveis. No entanto, isso pode **restringir o desenvolvimento de outras habilidades** e outros interesses que não se encaixam no estereótipo esportivo.

Enquanto esse rótulo pode ter predominado na juventude, a maturidade traz uma compreensão mais ampla da importância da saúde de modo geral. O foco muda das habilidades físicas específicas para pensar mais sobre como nos manter saudáveis e cheias de energia ao longo da vida.

4. **A Artística:** Comumente conferido a crianças criativas. Embora o reconhecimento do talento seja valioso, isso pode levar à **pressão para corresponder sempre às expectativas,** negligenciando outras áreas de desenvolvimento. Entretanto, para aqueles que são rotulados assim, muitas expressões artísticas se expandem para além das formas tradicionais, abraçando a inovação em todos os aspectos da vida adulta.

5. **A Tímida:** Esse é um rótulo outorgado às mais reservadas, o que por vezes leva à expectativa constante de que vão permanecer assim. Esse rótulo pode **inibir o desenvolvimento** das habilidades sociais e da **confiança** em situações diversas.

A maturidade pode dar lugar a uma compreensão mais profunda da empatia. A quietude inicial pode evoluir para uma sensibilidade apurada em relação aos outros, tornando-se uma força para a compreensão e a conexão entre as pessoas.

6. **A Rebelde:** Reservado para as crianças mais questionadoras ou independentes. Embora a autonomia seja uma qualidade valiosa, esse rótulo pode gerar estigmas e desafios desnecessários.

A rebeldia juvenil muitas vezes tem o potencial para se transformar em uma força motivadora para a busca por justiça social.

Conforme passamos pelas diferentes fases da vida os rótulos mudam, afetando quem somos e quem nos tornamos. Mas, através do autoconhecimento, você está sendo desafiada a não ficar mais presa a eles e a entender, aceitar e superar cada um deles, transformando-os em algo positivo.

Mudando a sua mentalidade

Carol S. Dweck, renomada psicóloga da Universidade Stanford, trouxe uma luz transformadora para a compreensão de como os rótulos afetam nosso desenvolvimento, introduzindo o conceito crucial de "mentalidade" em sua obra. Em sua pesquisa pioneira, Dweck distingue duas mentalidades fundamentais:

Nosso crescimento pessoal é moldado não por quem pensamos que somos, mas por quem escolhemos nos tornar por meio dos nossos esforços e aprendizados contínuos.

1. Mentalidade fixa: é caracterizada pela crença de que nossas habilidades são traços inatos e imutáveis. Quando crianças são rotuladas como "inteligentes" desde cedo, elas podem desenvolver uma mentalidade fixa, temendo o fracasso, já que ele pode ser interpretado como uma prova de falta de inteligência.

2. Mentalidade de crescimento: é marcada pela convicção de que as habilidades podem ser desenvolvidas e aprimoradas com esforço e dedicação. Dweck argumenta que ao elogiar o esforço e a persistência em vez de características inatas, podemos cultivar uma mentalidade mais saudável e resiliente nas crianças.

A abordagem de Dweck oferece uma visão otimista sobre como os rótulos podem evoluir ao longo da vida. Quando as crianças internalizam a mentalidade de crescimento, tornam-se menos suscetíveis à rigidez e mais inclinadas a ver os desafios como oportunidades de aprendizado e crescimento.

Ao **internalizar** a mentalidade de crescimento, as pessoas estão mais propensas a transcender os rótulos impostos pela sociedade ou por elas mesmas na infância. A flexibilidade mental e a disposição para abraçar desafios promovem uma jornada contínua de autodescoberta e evolução. Ela nos capacita a transcender as limitações autoimpostas e a adquirir uma visão mais dinâmica e otimista de nosso potencial.

Nosso crescimento pessoal é moldado não por quem pensamos que somos, mas por quem escolhemos nos tornar por meio dos nossos esforços e aprendizados contínuos.

TAREFAS:

Quero agora propor um teste a você, uma reflexão sobre seus próprios escudos emocionais. Este teste é uma ferramenta de autodescoberta, uma oportunidade de iniciar o processo de desbloqueio emocional.

- Reflita sobre os rótulos que você abraçou ao longo da vida. Até que ponto eles moldaram sua identidade?

_____
_____
_____
_____
_____

- Avalie como o orgulho se manifesta em sua vida. Em que situações você percebe uma resistência em ser vulnerável?

_____
_____
_____
_____
_____

- Pergunte-se se está disposta a despir-se das camadas de proteção emocional. Que passos você pode dar em direção à vulnerabilidade?

_____
_____
_____
_____
_____

Espero que este livro seja uma inspiração para você começar sua jornada e se libertar do orgulho, abrindo caminho para uma conexão mais profunda consigo mesma e com as pessoas que fazem parte do seu núcleo de relacionamentos. Seja livre!

oito O MEDO É O SEU MAIOR INIMIGO

O medo pode exercer um papel significativo em nossa vida, muitas vezes atuando como um bloqueio que nos impede de alcançar nosso pleno potencial. Muitas mulheres têm medo do desconhecido e preferem continuar onde se sentem confortáveis, mesmo que isso signifique perder oportunidades de crescimento e aprendizado.

Para vencer o medo e crescer na vida, é importante reconhecê-lo e encará-lo de frente.

Você tem medo de quê?

Por outro lado, é importante reconhecer que o medo não é somente negativo. É uma emoção natural que pode nos alertar sobre perigos reais e nos motivar a agir de maneira a proteger a segurança e o bem-estar.

O problema surge quando ele é explorado e amplificado de forma a nos controlar e manipular.

A Bíblia nos adverte em Josué 1:9 a respeito de uma ordenança vinda do Senhor: "Lembre da minha ordem: Seja forte e corajoso! Não fique desanimado, nem tenha medo, porque eu, o SENHOR, seu Deus, estarei com você em qualquer lugar para onde você for!"

> *Para vencer o medo e crescer na vida, é importante reconhecê-lo e encará-lo de frente.*

80 | *Nunca mais quem eu era*

Deus deixou muito claro nas Escrituras que está conosco em qualquer situação e, por isso, não devemos nos preocupar com absolutamente nada. Deveríamos estar seguras em sua promessa e avançar. Contudo, na maioria das vezes não somos capazes de confiar e nos entregamos ao medo e às suas consequências, devido à nossa crença de capacidade distorcida. Assim, damos poder para que o medo nos trave e aprisione em suas garras, destruindo nossas esperanças futuras.

Você sabia que 91% dos medos que tem hoje não vão se concretizar. É isso mesmo, um estudo feito por cientistas da Pennsylvania State University,[2] nos Estados Unidos, comprovou que quase a totalidade das nossas preocupações mais recorrentes não se realizam. Logo, não merecem a nossa atenção.

O medo é a fé negativa! Ocupar a sua mente com medos traz para a sua vida um nível de ansiedade enorme e não lhe permite estar no presente, vivendo o que precisa viver.

Quando o medo age em nossa vida, nossa motivação fica distorcida. Por exemplo, eu trabalho não por reconhecer a minha vocação, mas porque tenho medo de faltar dinheiro para alimentar minha família.

Outro fator importante que quero destacar é que o medo é a fé negativa. A física quântica diz que atraímos tudo o que tememos. Na Bíblia, Jó 3:25-26 ressalta essa mesma verdade quando diz: "Porque aquilo que **temia me sobreveio**; e o que receava me aconteceu."

O que você está atraindo para a sua vida? Seus medos podem até não acontecer da maneira que você pensa, mas tenho certeza de que você tem a sensação de que tudo é muito difícil e que todas as situações na sua vida primeiro precisam se apresentar como um problema para depois vir a solução.

O medo é a fé negativa!

Se você continuar alimentando os seus medos, vai atrair de alguma forma acontecimentos negativos, afinal, tudo o que fazemos ou pensamos comunica e tem o poder de trazer à realidade.

Em Hebreus está escrito que a fé é acreditar naquilo que não vemos, e trazer à existência aquilo que imaginamos. Ora, se você não vê e acredita nos motivos que lhe causam medo, logo atrairá fatos dolorosos para a sua vida!

---

2 Quase 100% das nossas preocupações não se concretizam, diz estudo. **Istoé Dinheiro**, 27 de junho de 2021. Disponível em: https://istoedinheiro.com.br/quase-100-das-nossas-preocupacoes--nao-se-concretizam-diz-estudo. Acesso em 18 jun. 2024.

Reflita sobre isso e decida olhar para esses medos e encará-los de frente agora, buscando a raiz de cada um e trazendo um novo significado da mesma forma que fez com as crenças.

Decida agir da maneira que você deseja viver! Veja a prosperidade em sua vida, visualize o seu casamento feliz, seus filhos felizes, a abundância de Deus presente em sua vida. Traga essa realidade à existência. Profetize e declare as maravilhosas promessas de Deus para a sua vida em vez de dar lugar ao medo.

O antídoto para o medo é a fé.

Já enfrentei muitos medos ao longo da vida, mas sempre procurei agir independentemente deles. Não se permita ser aprisionada por eles. Quando estava grávida da Ana Clara nossa condição financeira não era das melhores. Já estava no oitavo mês de gravidez e não tínhamos dinheiro para montar o quartinho, nem adquirir tudo de que um bebê necessita.

Decidi realizar uma turnê nas igrejas de Sergipe por quarenta dias e, assim, levantar o dinheiro para comprar o que precisava.

Apesar de temer que a minha filha nascesse enquanto eu estava longe de casa, enfrentei o desafio e decidi vencer aquela situação com coragem, caso contrário, minha filha teria nascido e eu não teria o necessário para recebê-la e cuidar dela quando voltasse da maternidade. Essa foi minha motivação para agir apesar do medo.

O medo impede que tomemos a decisão de dizer "**Chega!**".

Precisamos aprender a vencer as situações que sempre surgem em nossa vida com fé e enfrentamento. Porém, o medo também está relacionado ao orgulho, e a sua mãe é a rejeição; compreender essa conexão é fundamental para quebrar as correntes que nos aprisionam.

Então voltamos à estaca zero! Afinal, farei você olhar para esse sentimento novamente.

Medo de ser rejeitada, de falhar, de perder o controle etc. As apreensões provocadas podem desencadear uma série de comportamentos defensivos, como resistência à mudança, que em certos casos pode ser encoberta pelo orgulho. Por exemplo, a relutância em admitir fraquezas ou buscar ajuda pode derivar do medo de ser julgada ou de não corresponder às expectativas sociais.

Vivemos em uma era na qual o medo se tornou um mestre invisível, alienando 92% da população, *O antídoto para o medo é a fé.*

82 | *Nunca mais quem eu era*

disseminando-se através de diversas instituições: religiosas, midiáticas e, de maneira particular, enraizado nas figuras centrais de nossa vida: os chamados 4 Ps.

- Pais
- Pastores
- Padres
- Professores

É inegável que o medo é um bloqueador poderoso. As figuras de autoridade, muitas vezes sem perceber, se tornam agentes dele. Nossos guardiões, que deveriam nos guiar com amor e segurança, muitas vezes inadvertidamente tornam-se **portadores inconscientes do medo**.

Instituições religiosas, por exemplo, têm uma forma única de entrelaçá-lo com a fé. O temor de um Deus punitivo e as ameaças de inferno e castigo muitas vezes resultam em uma fé marcada por uma obediência motivada pelo medo no lugar da conexão amorosa.

> *O medo é uma forma de autoproteção, uma barreira que construímos para nos resguardar contra a rejeição*

A mídia, por sua vez, é uma força expressiva que molda a psique coletiva, frequentemente capitalizando sobre nossos temores mais profundos a fim de criar narrativas envolventes. Consumimos notícias e entretenimento que de maneira sutil alimentam e exploram nossos medos, criando uma espiral de ansiedade que permeia todas as esferas da existência.

No entanto, o ponto crucial reside nos 4 Ps: **pais, pastores, padres e professores.** São essas figuras que, muitas vezes bem-intencionadas, injetam o medo em nossa alma. As expectativas, os julgamentos e as imposições de suas próprias inseguranças moldam a nossa percepção de mundo, criando padrões que ecoam por toda a nossa vida.

O medo é uma forma de autoproteção, uma barreira que construímos para nos resguardar contra a rejeição (a raiz que abordei no capítulo anterior).

Ao reconhecermos a rejeição como uma raiz, surge a oportunidade de abraçar a **vulnerabilidade**. Aceitar a própria imperfeição e identificar que a rejeição não define nosso valor genuíno permite quebrar as correntes que prendem o medo ao orgulho.

Em minha própria jornada encontrei um farol nesse oceano de caos. Joyce Meyer, em sua obra *A raiz de rejeição*, desvelou os cantos mais escuros da minha psique, revelando como a rejeição semeia o terreno para o medo crescer.

Cada jornada é única, mas todas nós compartilhamos o desejo fundamental de ser aceitas e nos sentir pertencentes.

Ao confrontar essas feridas, comecei a perceber que a verdadeira liberdade reside na **aceitação** — de mim mesma, das minhas vulnerabilidades e das minhas falhas.

Desnudar o medo exige uma coragem além do comum. É uma jornada profunda para a liberdade interior, uma busca pela verdadeira autonomia além das correntes invisíveis do temor. Ao longo da minha vida percebi que o medo perde força quando é exposto à luz da compreensão.

Cada jornada é única, mas todas nós compartilhamos o desejo fundamental de ser aceitas e nos sentir pertencentes.

Assim, percebemos que a rejeição, longe de ser apenas um episódio isolado, está entrelaçada às teias do medo e do orgulho. Enfrentar essa raiz é um caminho seguro para alcançar a autodescoberta e a aceitação que transcendem as sombras e iluminam o futuro.

A verdadeira autenticidade nos espera além das sombras do medo, pronta para nos conduzir a uma vida plena e com significado.

É necessário olhar para dentro e confrontar os medos que talvez tenham se tornado parte de quem você é hoje. Você precisa de coragem para enfrentar tudo aquilo que moldou e impediu o seu avançar e, quando quebrar essas correntes, vai encontrar a liberdade e aceitar plenamente sua essência.

A verdadeira autenticidade nos espera além das sombras do medo, pronta para nos conduzir a uma vida plena e com significado.

84 | *Nunca mais quem eu era*

TAREFAS:

1. Identifique um medo que você reconhece que não tem base concreta em sua vida hoje.

_____

_____

_____

_____

_____

2. Analise de que maneira esse medo pode estar relacionado a experiências passadas de rejeição ou a expectativas externas.

_____

_____

_____

_____

_____

3. Em que situações você percebeu a manifestação do orgulho como forma de proteção contra o medo ou a rejeição?

_____

_____

_____

_____

_____

4. Pense nas figuras de autoridade em sua vida, como pais, professores ou líderes religiosos. Reflita sobre como as expectativas e os julgamentos deles moldaram suas percepções e seus comportamentos.

_____

_____

_____

_____

_____

O medo é o seu maior inimigo | 85

"Medo é a ferramenta de um diabo idealizado pelo homem. A fé inabalável em si mesmo é tanto a arma que derrota esse diabo quanto a ferramenta que o homem utiliza para construir uma vida de sucesso. E é mais do que isso. É uma conexão direta com as forças irresistíveis do universo que apoiam o homem que não acredita em fracassos e derrotas, senão como experiências meramente temporárias."

Napoleon Hill em *Mais esperto que o diabo*

nove POLTRONA DA MENTIRA

"Conhecereis a Verdade, e a Verdade vos libertará."

C omo muitas pessoas no mundo inteiro, eu repetia esse versículo bíblico de João 8:32 como um mantra, sem compreender a profundidade de sua mensagem. No entanto, foi somente quando permiti que a luz da consciência iluminasse os lugares mais escuros da minha alma que a verdade realmente começou a emergir. Compreendi que sem consciência era impossível identificar as áreas onde eu estava vivendo uma mentira e me afastando da verdadeira essência que ansiava alcançar.

Existe uma frase que retrata bem esse assunto e por isso quero deixá-la aqui para você:

"Quando nos permitimos olhar para o nosso mais profundo eu, trazemos luz e consciência a quem de fato nós temos sido e a quem de fato iremos ser." (Livro *Fator de enriquecimento*, página 47)

Não ter consciência de quem você é hoje lhe impede de estabelecer mudanças necessárias em sua vida.

Uma das maiores mentiras que as pessoas vivem, mas que muitas vezes está disfarçada como um refúgio acolhedor, é a famosa zona de conforto, a qual costumo chamar de **poltrona da mentira.**

A zona de conforto é o pior lugar no qual alguém pode ficar. Ela nos paralisa, bloqueia e limita. Tudo aquilo que traz conforto é incapaz de transformar.

A transformação vem com o empenho, quando damos nosso melhor, e isso não acontece na zona de conforto.

Que conforto é esse que tem lhe afastado de ser uma melhor mãe, uma melhor líder, uma melhor empresária, de construir uma carreira e de fazer tudo que sempre sonhou? Acredite, você pode romper qualquer barreira, basta dizer não para essa zona mentirosa que tem lhe aprisionado por anos.

Esse mesmo princípio se aplica ao cuidado com o lar. Um ambiente limpo e organizado não é apenas um reflexo de disciplina, mas também uma fonte de energia positiva que pode impactar todas as áreas da sua vida. Quando dedicamos tempo para manter nosso espaço em ordem, criamos um ambiente que nos inspira e nos dá clareza.

A limpeza e a organização do lar são práticas poderosas que nos ajudam a sair da estagnação e a criar um espaço propício para o crescimento pessoal e profissional.

Meus objetivos incluem influenciar positivamente o âmbito espiritual, tornar-me uma empresária de sucesso e contribuir para a geração de empregos. Contudo, questiono como minha casa reflete essas aspirações. Será que minha casa é verdadeiramente mais feliz com esses propósitos ou estou negligenciando relações essenciais para preservar a zona de conforto?

A transformação vem com o empenho, quando damos nosso melhor, e isso não acontece na zona de conforto.

É possível identificar o comodismo nas finanças, no lar e nas conexões interpessoais.

Recentemente, confrontei meu marido a respeito de uma situação em casa que vinha me incomodando muito. Ele mantinha um grande número de roupas antigas, especificamente aquelas que usava quando vestia tamanho 40. Atualmente, ele usa tamanho 44. O acúmulo dessas peças, especialmente após seu trabalho na África, gerava em mim uma profunda irritação.

Decidi abordar a questão diretamente. Sugeri a doação das calças, argumentando que ele não tem mais a estrutura física para caber nessas peças, independentemente de uma possível perda de peso no futuro. Esse episódio destaca a importância de trazer consciência para nossas ações.

88 | *Nunca mais quem eu era*

Manter essas roupas representava a zona de conforto, uma falsa crença de que um dia ele as usaria novamente. Ao confrontar essa situação, percebi que ele estava alimentando uma mentira, criando uma narrativa para mim de que usaria as roupas eventualmente.

Reconheci que deixar as calças lá, mesmo com uma data futura para seu uso, era uma forma de adiar a verdade e perpetuar o comodismo. Assim, compreendi que a verdadeira mudança ocorre quando tomamos decisões no presente, seja adotando hábitos mais saudáveis, como correr e se alimentar bem, ou enfrentando questões de acumulação desnecessária em casa. Esses acontecimentos mostram como a conscientização e a ação imediata são cruciais para romper com a estagnação e criar mudanças reais em nossa vida.

No âmbito financeiro, parcelar compras excessivas em múltiplas vezes é um exemplo de falsa prosperidade, uma artimanha para permanecer confortável. Muitas vezes compramos coisas desnecessárias no cartão de crédito e ainda temos a ousadia de dizer: "se passar, é de Deus". Mas o que Deus tem a ver com isso? Ele lhe deu inteligência, se você não a usa esse é um problema exclusivamente seu.

Comece a distinguir quando realiza compras planejadas e quando as faz por impulso e compulsão. Reconheça sua responsabilidade na administração financeira da sua família.

Ao analisar a vida pessoal, é comum encontrar esse comodismo em espaços desorganizados da casa, gavetas negligenciadas ou itens acumulados sem necessidade. A postergação de decisões, como o descarte de roupas inadequadas ao corpo atual, é um exemplo dessa zona. Tornar consciente essa prática lhe fará abandonar a falsa segurança proporcionada pela zona de conforto. Ela representa uma armadilha originada por impulsos autodestrutivos. Identificá-la é possível tanto no corpo quanto nas finanças.

A conscientização sobre padrões enganosos é essencial para rompê-la. Adotar uma mentalidade proativa e tomar decisões hoje, em vez de postergá-las para o futuro, é o caminho para superá-la.

A vida começa no fim da zona de conforto

Enfrentar a verdade sobre a sua saúde e abandonar desculpas que perpetuam a estagnação é muito importante. Optamos por uma vida saudável que pode ser desconfortável, mas é um preço que devemos estar dispostas a pagar a fim de construir um futuro mais pleno e duradouro com nossa família.

A ideia de conforto é gerada por uma mentira que contamos para nós mesmas e que nos afasta do crescimento e da busca pela verdade.

Trazer essa mentira à consciência também desafiou minha autossuficiência e a solidão que por vezes eu escondia sob o pretexto de independência. Aceitar que precisamos de conexões e de apoio é abrir mão da zona de conforto e de uma suposta liberdade.

Querer viver sozinha é uma atitude egoísta; Deus nos criou para vivermos em unidade e em harmonia com os outros. Ninguém é capaz de ser feliz sozinho, essa é mais uma mentira que contamos. Mas quando ousamos sair da poltrona da mentira abrimos as portas para novas oportunidades, novos aprendizados e crescimento.

Tony Robbins, renomado autor e palestrante motivacional, é conhecido por sua abordagem dinâmica e inspiradora para o crescimento pessoal. Em sua trajetória, destaca a importância de transcender a "zona de conforto", pois acredita que permanecer nesse lugar limita nosso potencial.

Robbins frequentemente usa essa metáfora para ilustrar um espaço mental onde há familiaridade e segurança. No entanto, ele argumenta que é também um local onde o progresso é limitado, uma vez que o crescimento real ocorre fora dali. A chave para o desenvolvimento pessoal reside na disposição de enfrentar os desafios diários.

> *A ideia de conforto é gerada por uma mentira que contamos para nós mesmas e que nos afasta do crescimento e da busca pela verdade.*

Ele acredita que é através do confronto com o desconhecido e do enfrentamento de obstáculos que verdadeiramente crescemos e alcançamos nosso máximo potencial.

Robbins propõe a existência de uma "zona de crescimento". Essa é a área na qual o aprendizado, a inovação e o desenvolvimento acontecem. Ele incentiva as pessoas a se aventurarem nesse território desconhecido para colherem os frutos do crescimento pessoal e profissional.

Em sua filosofia, Robbins aborda o medo como um indicador de que a pessoa está prestes a ultrapassar seus limites. Ele sugere que, em vez de recuar

90 | *Nunca mais quem eu era*

diante do medo, devemos interpretá-lo como uma oportunidade para crescimento e enfrentamento de desafios. Ele oferece estratégias práticas para ajudar as pessoas a romperem com a zona de conforto. Isso inclui definir metas desafiadoras, cultivar uma mentalidade de crescimento e adotar práticas que promovam a resiliência diante de adversidades.

Tony Robbins inspira milhões de pessoas ao redor do mundo a abandonarem a complacência, a enfrentarem seus medos e a perseguirem uma vida de significado e realização. Ao seguir os ensinamentos de Robbins, muitos encontram não apenas sucesso profissional, mas também uma sensação mais profunda de satisfação e propósito pessoal.

Minha jornada de autodescoberta foi marcada pela compreensão profunda do comodismo que por tanto tempo serviu como uma armadilha sutil. Toda transformação que vivi se desenrolou somente quando, finalmente, enfrentei a verdade que habitava na obscuridade da minha própria zona de conforto.

"Conhecereis a verdade, e a verdade vos libertará" é um versículo que fala muito sobre consciência. E neste momento você pode se perguntar: "Mas, Catia, você vai falar desse versículo de novo?" Sim, porque você precisa entender como age na zona de conforto, e compreender que a consciência é o ponto inicial para que isso aconteça.

É a sua consciência que diz o que é verdade e o que é mentira; o que é certo e o que é errado; o que é bom e o que é ruim. Todos esses contrapontos passam pelo nosso raciocínio, que nada mais é do que nossa própria consciência. Esse é um versículo que traz lições valiosas, mas que por ter se tornado "clichê" costuma ser negligenciado diariamente por cada uma de nós.

João 8:32 nos ensina muito; por meio desse versículo é possível ter a seguinte compreensão:

- Conheceremos quais decisões precisamos tomar.
- Conheceremos quais atitudes temos tomado inadequadamente.
- Conheceremos qual versão de mãe temos sido no dia a dia com a nossa família.
- Conheceremos qual versão de esposa, de amiga e de profissional temos exercido diariamente.

Ter consciência sobre esse tipo de coisa cotidiana será libertador. Você estará livre para adotar novos comportamentos. Essa consciência é como uma luz que clareia a verdade sobre si, sobre aquilo que está oculto, escondido no mais profundo do seu ser.

Olhe para Jesus e peça que a luz dEle entre e traga consciência sobre você.

Agora, com a consciência ativada e a luz refletindo em você, peço que diga em voz alta: **a minha zona de conforto é a minha maior mentira.** De fato, essa é sua maior mentira, porque é o pior lugar que poderia estar, uma zona mentirosa que tem causado amarras e sofrimento.

> *Olhe para Jesus e peça que a luz dEle entre e traga consciência sobre você.*

Chegou a hora de decidir: continuar como está ou dar um passo corajoso em direção ao crescimento e à realização pessoal. A escolha é sua!

TAREFAS:

1. Identifique uma área específica em sua vida na qual a zona de conforto está agindo como uma barreira para o seu crescimento e desenvolvimento pessoal. Pode ser na saúde, nas finanças, nas relações pessoais ou em qualquer outra esfera.

_____

_____

_____

_____

_____

2. Questione-se: "O que estou adiando ou evitando por estar confortável nessa situação?" Em seguida, registre suas reflexões.

_____

_____

_____

_____

_____

92 | *Nunca mais quem eu era*

3. Escreva um plano detalhado com passos concretos e realistas para substituir hábitos ruins que estão paralisando você nessa zona de conforto. Inclua ações específicas e lembretes para facilitar a mudança.

dez PARE DE MENTIR PARA SI MESMA!

Encarar a verdade sobre nós mesmas muitas vezes se revela como uma tarefa árdua, repleta de desconforto e resistência. Abandonar as mentiras que contamos e abraçar a verdade pode ser algo bastante desafiador. Sim, criamos narrativas elaboradas para obscurecer a verdade sobre nós mesmas. Essas histórias, muitas vezes construídas em torno de desculpas e autoengano, servem como escudos temporários para enfrentar aspectos desconfortáveis da nossa realidade.

Reconhecer essas mentiras e desafiá-las é abrir espaço para uma compreensão mais real de quem somos e promover um caminho mais autêntico em direção ao crescimento pessoal.

Quais têm sido as suas narrativas?

Uma narrativa é uma história contada, um conjunto de elementos que caracterizam a trajetória de uma personagem, seja em filmes, séries ou outras formas de mídia. Cada personagem recebe uma narrativa específica, incluindo sua fala, seu comportamento, sua vestimenta e os cenários frequentados. Gosto de usar essa analogia pois ela pode ser estendida à nossa vida cotidiana, sugerindo que a nossa existência é construída com base no que contamos sobre ela. As famosas "historinhas" que repetimos sobre nosso casamento,

94 | *Nunca mais quem eu era*

trabalho, resultados, filhos, família, vida pessoal e espiritual, entre outras, sofrem a influência das experiências passadas e das memórias que guardamos ao longo da vida.

A soma das nossas narrativas molda os cenários em que vivemos hoje.

Quais são as verdades que você tem insistido em reafirmar?

"Tudo dá errado para mim", "Nada que eu faço dá certo", "Atraio apenas pessoas que se aproveitam de mim", "Não consigo emagrecer", "Não tenho tempo para leitura", "Não consigo terminar o que começo", "Não consigo manter minha casa organizada", "Não tenho paciência com meu marido", "Não consigo ter dinheiro".

Essas não são apenas frases soltas, mas sentenças proferidas para reafirmar nossos comportamentos. **São verdades criadas que insistimos em repetir.**

Essas declarações, muitas vezes realizadas de maneira inconsciente, revelam-se como reflexos diretos das nossas crenças pessoais e atitudes internalizadas.

> *A soma das nossas narrativas molda os cenários em que vivemos hoje.*

Quanto mais as proclamamos, mais elas se concretizam em nossa vida, pois são autorrealizáveis.

Essa repetição contribui para a consolidação de padrões comportamentais. Você comunica aquilo em que acredita, e a sua crença é reafirmada e fixada em sua mente. Assim, sempre que você narra a sua vida de uma forma destrutiva, potencializa essa crença. Se você constrói uma narrativa de que tem um casamento infeliz, logo colherá os frutos dessa crença: a destruição do seu casamento.

Quando repetimos essas historinhas, acreditamos nelas cada vez mais e formamos um ciclo que se retroalimenta, e assim elas passam a ser verdades absolutas, pois combinam exatamente com a realidade vivida. O resultado é que entramos novamente na zona de conforto, a chamada poltrona da mentira, e, de forma inconsciente, nos mantemos nesse lugar, sem ao menos querer entender qual é a parte que nos cabe para mudar essa narrativa.

A partir de agora eu lhe desafio a se conscientizar das histórias que tem contado, analisar cada uma delas, questioná-las e desafiar a si mesma a reescrevê-las.

Pare alguns minutos, coloque uma música tranquila e reflita sobre o que tem saído da sua boca, quais historinhas tem contado para si mesma?

O que tem narrado nos últimos tempos sobre seu casamento, sua família, seus amigos?

O seu padrão mental de vitoriosa ou de derrotada é alimentado constantemente por suas narrativas, refletindo não apenas as crenças existentes, mas também atuando como uma profecia autorrealizável.

> *A partir de agora, eu lhe desafio a se conscientizar das histórias que tem contado, analisar cada uma delas, questioná-las e desafiar a si mesma a reescrevê-las.*

Tudo comunica! A comunicação vai além das palavras e inclui gestos, como movimentos do corpo e expressões faciais. É importante entender, como vimos anteriormente, que tudo o que comunicamos tanto se transforma em pensamentos, que geram sentimentos e se transformam em crenças, quanto molda a nossa maneira de enxergar a vida, afetando as decisões que tomamos todos os dias.

As crenças são como sementes que precisam de nutrição constante para crescer. Elas têm um impacto direto em todas as áreas da vida, sendo alimentadas e influenciadas pela forma como nos comunicamos. A comunicação desempenha o papel da água que irriga e faz as sementes germinarem e crescerem. Quando permitimos que certas narrativas controlem nossa vida tornamo-nos escravos delas, afinal elas têm o poder de influenciar nossas experiências e determinar os resultados que alcançamos.

Portanto, é fundamental assumir o controle da nossa comunicação e das histórias que escolhemos alimentar. Somente ao reconhecermos o poder que concedemos a essas narrativas podemos começar a direcionar nossa vida de acordo com nossos verdadeiros desejos.

A historinha pode ser contada em forma de:

- **Brincadeira:** é a famosa "brincadeira com fundo de verdade".
- **Mentira:** esse é o caso, por exemplo, de uma pessoa que disse que foi demitida por cortes na empresa, quando a demissão se deu em razão de má performance.
- **Verdade:** por vezes pode ter embasamento em alguma verdade. Uma **pessoa pode alegar** que está com dificuldade financeira por conta da **crise. Entretanto, tem muita gente por aí que está ganhando dinheiro e crescendo, não é mesmo?! Ou seja, isso não passa de historinha.**

96 | *Nunca mais quem eu era*

Quais historinhas você tem usado para não assumir o controle da sua vida e assim permanecer na ilusão?

Gosto muito dos exemplos abaixo, que ilustram de maneira simples e prática o que são as nossas narrativas:

Sabemos que não é da natureza humana roubar, assaltar ou matar. Porém, para uma pessoa praticar tais atos, ela precisa contar uma história que valide a sua ação e a empodere a agir dessa maneira. Uma historinha muito contada por bandidos é a falta de condições, as injustiças do país, a falta de oportunidades de emprego. É muito comum também que em assaltos os bandidos chamem as vítimas de "vagabundos", por exemplo, pois assim acreditam encontrar uma justificativa plausível para fazer o mal.

Outro exemplo é o adultério, que também não é da natureza humana. É necessária mais uma narrativa para executar a traição, logo, o companheiro inventará historinhas para que aquele ato não pareça ruim. Nesse cenário, algumas possibilidades são: "**A minha esposa não me trata bem**"; "**O meu marido só trabalha**"; "**Meu marido é grosseiro comigo**"; "**Minha esposa não tem autoestima**".

Quais historinhas você tem usado para não assumir o controle da sua vida e assim permanecer na ilusão?

Tudo o que fazemos de errado ou que não conquistamos acaba fazendo com que criemos um pano de fundo que justifique os nossos fracassos.

Trazer à consciência é, na maioria das vezes, ser confrontada com uma parte feia de nós, porém necessária, para sair do nosso estado atual rumo a um lugar que sempre sonhamos, mas no qual não sabíamos como chegar! E, se você está firme até aqui, é porque está vencendo a si mesma a cada capítulo, fazendo os exercícios e encarando de frente suas limitações. O próximo exercício será como uma fotografia da sua vida como ela está hoje, dentro de 12 áreas principais destacadas na imagem abaixo.

Desafio você a ser muito sincera consigo; escolha não contar nenhuma história que fará você mentir para si.

Faça uma análise do seu desempenho, atribuindo uma nota de 0 a 10 para cada área da vida na imagem da Roda da Vida a seguir. Não se limite a julgar as áreas como boas ou ruins, mas sim como elas estão de fato e o quanto precisam melhorar!

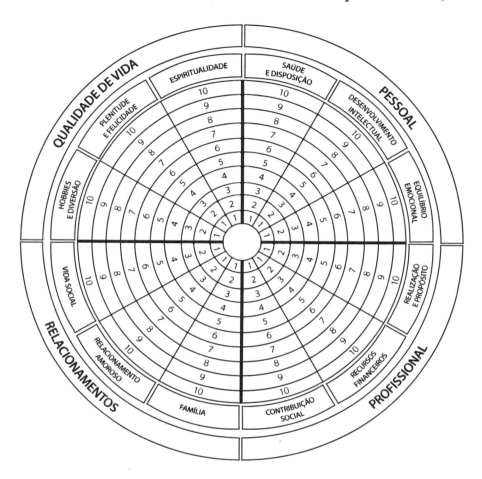

Depois de atribuir notas para cada área, anote abaixo as três que tiveram notas menores que 6:

1 -
2 -
3 -

Agora, escreva as áreas que tiveram notas menores que 3:

1 -
2 -
3 -

98 | *Nunca mais quem eu era*

Seja sincera consigo mesma e escreva abaixo o motivo pelo qual acredita que essas áreas tiveram notas baixas:

_____

_____

_____

_____

_____

Releia os motivos e reescreva-os trazendo a responsabilidade para você. Defina qual é a parte que lhe cabe para que essas áreas sejam transformadas e você se sinta realizada em cada uma delas:

_____

_____

_____

_____

_____

Quando fiz esse exercício experimentei uma mistura de sentimentos, envolvendo certo receio, certa relutância em aceitar o resultado e até um orgulho manifestado. Pensava: "Não, não pode ser. Isso não está correto. Eu me esforço tanto para acertar, para ser boa e positiva. Como minha roda pode estar dessa forma?"

Sentia-me frustrada, e esse é um sentimento que aprisiona, pois muitas vezes acreditamos que nos frustramos com as pessoas, mas, na verdade, é uma consequência dos sentimentos depositados em nós mesmas ou nos outros.

Isso faz parte do processo de trazer à consciência. E por que ele é tão crucial?

Entenda que se não trouxermos à consciência as 12 áreas de nossa vida (como temos sido como mães, esposas, estudantes, empresárias, em nossa saúde, na sociedade, entre outras), não haverá mudança.

O primeiro passo para nossa transformação é identificar e compreender onde estamos. Não se trata apenas de reconhecer que estamos em determinado ponto, mas também de entender as ações, os comportamentos e as atitudes que nos levaram até lá. Por exemplo: identificar que o seu casamento está ruim é abrir espaço para compreender quais atitudes paralisantes conduziram você a esse estado.

> *Se não sabemos de onde partimos, não vamos ser capazes de planejar efetivamente o caminho para alcançar nossos objetivos.*

Tomar consciência do seu estado atual é iluminar as áreas escuras, pois algo não se estabelece como ruim ou bom sem a construção contínua de ações, atitudes e escolhas.

Um outro exemplo é: se desejo ir à Grécia, vou até uma agência de viagens e peço uma passagem. A atendente me pergunta sobre a origem, de onde vou partir. Se eu responder: "Não sei, apenas quero ir à Grécia", não conseguirei a passagem. Da mesma forma, é necessário termos consciência de onde estamos em cada uma das áreas para traçarmos os objetivos que desejamos alcançar.

Se não sabemos de onde partimos, não vamos ser capazes de planejar efetivamente o caminho para alcançar nossos objetivos.

Mas se não sabemos o nosso estado atual, é o mesmo que querer comprar uma passagem para a Grécia sem saber de onde estamos partindo. E, sem resultados, começamos a dar desculpas, mentindo para nós mesmas com as nossas justificativas.

> *Entender nossas narrativas nos faz reconhecer a importância da honestidade e nos leva a abandonar o que está distorcido.*

Observe quais foram as historinhas que você contou até aqui a respeito desse exercício. Se ainda não conseguiu identificar, sugiro que volte e o refaça, feche seus olhos e peça ao seu coração que responda sinceramente. Faça uma oração e peça que o Espírito Santo revele a verdade e qual é a sua responsabilidade em cada área.

Entender nossas narrativas nos faz reconhecer a importância da honestidade e nos leva a abandonar o que está distorcido.

Tornar-se consciente e intencional na mudança de padrões de pensamento é importante para a transformação. Livrar-se de crenças limitantes, contar histórias verdadeiras e corrigir comportamentos desalinhados são passos fundamentais para romper com padrões que a impedem de viver tudo que Deus tem para a sua vida.

Dizer a verdade evita que padrões falsos se estabeleçam.

100 | *Nunca mais quem eu era*

A construção de narrativas vitoriosas, ainda que inicialmente desafiadoras, representa um passo significativo. Profetizar intencionalmente aquilo que se deseja, comunicar positivamente, é o início do processo que **reconfigura** os pensamentos, os sentimentos e, em última análise, as crenças.

O segredo para uma mudança real está em contar uma nova história sobre nós mesmas e estar realmente dispostas a alcançar um novo nível na nossa jornada pessoal.

Dizer a verdade evita que padrões falsos se estabeleçam.

Comprometa-se a continuar esse ritual de afirmações e visualizações, consciente de que está construindo a base para um futuro promissor. Sua vida precisa ser um lembrete constante de que você merece o melhor e que está sempre pronta para receber as bênçãos infinitas que Deus já deixou disponíveis para cada um dos seus filhos. À medida que isso acontece, você escreve uma nova narrativa e assume o controle da sua história.

O segredo para uma mudança real está em contar uma nova história sobre nós mesmas e estar realmente dispostas a alcançar um novo nível na nossa jornada pessoal.

Espero que sua nova narrativa transformadora inspire não apenas a você mesma, mas também às pessoas mais importantes de sua vida, mostrando que a mudança começa de dentro para fora e que é possível mudar, basta estar disposta a pagar o preço.

Para finalizar, faça a seguinte declaração:

Estou pronta para viver uma história cheia de autenticidade, capacidade ilimitada e merecimento abundante.
A vida é uma tela em branco, e estou ansiosa para pintar nela uma obra-prima de positividade, crescimento e amor-próprio.

TAREFAS:

1 **Dedique pelo menos** 10 minutos à prática da visualização criativa diariamente. Imagine como será sua vida quando suas novas crenças se **manifestarem.** Visualize situações específicas que refletem uma identidade fortalecida, maior capacidade e merecimento pleno. Use todos os seus sentidos na visualização: veja, ouça, sinta e até sinta o aroma do ambiente em que você alcança seus objetivos. Após a visualização, escreva brevemente sobre a experiência, descrevendo as sensações e sentimentos.

_____

_____

_____

_____

_____

2. Crie todos os dias uma narrativa transformadora que proporcione uma nova perspectiva sobre a sua identidade, sua capacidade e seu merecimento.

Exemplo de criação:	**Criação de afirmações positivas:**
"Eu nunca consigo terminar nada que começo."	"Eu sou capaz de finalizar tudo o que começo com sucesso."
"Não sou boa o suficiente para essa posição."	"Eu sou competente e merecedora da minha posição."
"Mudanças são difíceis para mim."	"Eu lido com mudanças com facilidade e adaptação."

_____

_____

_____

_____

_____

onze VOCÊ TEM A VIDA QUE MERECE

"Quando nos permitimos olhar para o nosso mais profundo eu, trazemos luz e consciência a quem de fato nós temos sido e a quem de fato iremos ser."
— Paulo Vieira

A vida que vivemos é o resultado direto das escolhas que fazemos, das atitudes que tomamos, dos sabotadores que atuam em nosso dia a dia e das crenças que cultivamos. Cada amanhecer nos traz a oportunidade de construir uma jornada que ressoa com nossos anseios mais profundos.

A frase intrigante "Você tem a vida que merece" não é apenas um jargão, mas um convite à autorreflexão profunda sobre como você tem vivido. Vimos até aqui fatores que nos fazem viver da maneira que **não** queremos: memórias traumáticas, crenças limitantes, zona de conforto, sentimentos de rejeição, orgulho e medo que nos fazem contar historinhas justificando nossos resultados medíocres e infelizes.

A partir de todos os fatos constatados, temos dois caminhos: continuar lamentando nossos fracassos e nossa má sorte, ou tomar as rédeas da nossa vida, assumir a responsabilidade de transformar todas as maldições em bênçãos. Olhar para o que aconteceu e traçar uma nova rota sem historinhas enganosas, apenas com a verdade nua e crua.

O nome dessa nova rota é autorrespon-sabilidade.

Tornar-se a responsável é decidir enxergar o seu passado através de uma nova lente.

A essência da autorresponsabilidade está na convicção de que você é a única responsável pela trajetória que traçou até o momento. Essa percepção não deve causar desconforto; ao contrário, deve **instigar** um sentimento de euforia, pois se você é a única responsável pela sua vida atual, também é a única capaz de transformá-la.

A base desse princípio é reconhecer que, se você tem o poder de construir a sua realidade, também tem o poder de alterá-la. A mudança efetiva começa com o reconhecimento dessa responsabilidade e a decisão consciente de se tornar autorresponsável.

Independentemente das influências externas, como tudo o que vimos nos capítulos anteriores, o segredo está em trazer à consciência o seu momento presente e assumir a responsabilidade plena sobre ele.

Tornar-se a responsável é decidir enxergar o seu passado através de uma nova lente.

Imagine esse processo como estar em um barco em alto-mar, cercado por elementos externos incontroláveis, como o vento, a chuva e as ondas. A única coisa que você pode fazer nessa situação é assumir o leme e direcionar o barco. Ao aplicar esse conceito à sua vida, você entende que não pode controlar todos os aspectos ao seu redor, como as atitudes de seu marido ou seus filhos. Embora mantenha a responsabilidade e autoridade necessárias, há elementos que escapam ao seu controle.

São essas as tempestades, os ventos fortes e as ondas desafiadoras, mas o único barco que você pode controlar e dirigir é o seu.

A autorresponsabilidade surge como a bússola que guia as nossas escolhas e decisões. Quando reconhecemos a necessidade de alterar o curso, mesmo diante de tempestades e ventos intensos, mostramos maturidade e liderança sobre nossa própria vida. Ao assumir o controle do barco e virar o leme para uma nova direção, escapamos das tempestades e criamos um novo caminho, exploramos novos horizontes e descobrimos oportunidades que antes não eram visíveis.

São essas as tempestades, os ventos fortes e as ondas desafiadoras, mas o único barco que você pode controlar e dirigir é o seu.

104 | *Nunca mais quem eu era*

Você está pronta para assumir a posição de líder da sua vida?

Assumir a responsabilidade trará uma dor inicial, pois você está habituada a terceirizar as culpas, responsabilizando fatores externos por suas circunstâncias e seus resultados. Também exigirá coragem, ousadia, humildade e verdade. Além disso, é necessário se permitir ser vulnerável, identificar suas fraquezas e reconhecê-las.

Optar pela autorresponsabilidade é uma escolha sábia, pois coloca nas suas mãos a capacidade de influenciar o seu próprio destino, distanciando-a do vitimismo e entregando a liderança da sua própria vida nas suas mãos.

A analogia do barco em alto-mar reflete a verdade que Provérbios 9:12 também destaca: "Se você for sábio, o benefício será seu; se for zombador, sofrerá as consequências." A sabedoria é o leme que nos permite conduzir nossa embarcação através das tempestades da vida.

Ser sábio implica em reconhecer a responsabilidade sobre nossas escolhas e decidir conscientemente o curso que queremos seguir.

> *Ser sábio implica em reconhecer a responsabilidade sobre nossas escolhas e decidir conscientemente o curso que queremos seguir.*

A passagem de Gálatas 6:4-5 ressalta a importância do autoexame e da reflexão sobre os próprios atos. Cada indivíduo é chamado a examinar suas ações, orgulhar-se delas sem se comparar com os outros. A ideia de levar a própria carga destaca a responsabilidade de cada indivíduo diante das consequências de suas escolhas. Cada um colherá aquilo que plantou, e o cuidado diário na semeadura determinará o fruto futuro.

Assumir as rédeas da própria vida é o caminho para colher resultados positivos e construir um destino alinhado com as decisões e ações realizadas a cada dia.

Como perder a autorresponsabilidade?

Esse é um processo sutil que frequentemente se manifesta em diversas atitudes cotidianas. Identificar esses comportamentos é fundamental para preservar a consciência sobre a importância de conduzir a própria vida.

Uma das armadilhas comuns é a tendência de **reclamar** dos filhos, transferindo a responsabilidade pelas situações para elementos externos, ignorando a sua influência e a sua capacidade de moldar as circunstâncias.

Outra armadilha está em **criticar** o emprego. Essa atitude não apenas desvia o foco da sua responsabilidade, mas também perpetua uma mentalidade de insatisfação, dificultando a busca por soluções construtivas.

Há ainda outra: justificar ou diminuir os próprios erros. Ao buscar **desculpas** para as suas ações, você compromete a capacidade de aprender com os equívocos e de crescer a partir deles.

A última armadilha é se **vitimizar** diante das adversidades. Assumir o papel de vítima fará você correr o risco de negligenciar a sua influência na superação das dificuldades, tornando-se refém das circunstâncias.

Jesus foi um modelo de postura e comportamento. Ele tinha todos os motivos para abraçar o papel de vítima, mas nunca o fez. Pare de se vitimizar achando que é a única pessoa no mundo que satanás quer tocar. Enquanto você estiver nesse papel, o inimigo aproveitará para lhe fazer comer todos os pratos que põe na sua frente, a fim de lhe dissuadir da sua imagem em Cristo.

Quantas vezes comi os pratos quentinhos que Satanás me ofereceu e caí em suas armadilhas. Depois, ficava chorando pelos cantos o meu fracasso. Essa não é a postura de uma mulher que tem uma identidade vencedora.

Aprenda a detectar as armadilhas que o diabo tem preparado e acesse o seu lugar de filha

Abra os olhos da consciência, abra seus olhos espirituais, trazendo à memória todas as escolhas que moldaram o cenário atual.

Se você tem enfrentado dificuldades em alguma área da vida, como viu no exercício anterior, é preciso admitir que essas situações não se manifestam de forma repentina. Por exemplo, o casamento que está prejudicado, os problemas financeiros e outras circunstâncias são moldados por uma sequência contínua de ações ou omissões.

Quando me casei e fui morar com meu marido, enfrentamos um período desafiador, com falta de móveis, morando em um espaço pequeno e com **poucos recursos.** Como contei no primeiro capítulo, dormíamos num colchão

106 | *Nunca mais quem eu era*

no chão, sem lençol, até que conseguimos organizar tudo. Não fiquei parada, terceirizando a culpa para o meu marido, decidi contribuir financeiramente.

Nas nossas mãos repousa o poder de transformar as situações adversas que permeiam nossa vida.

Minha primeira fonte de renda foi a confecção e venda de imãs de geladeira. Adquiri uma revistinha sobre artesanato, comprei os materiais necessários e comecei a produzir os imãs, vendendo-os na rua onde morava, mesmo estando grávida. Não dei desculpas, assumi a minha responsabilidade e tracei uma rota para construirmos nossa vida.

Vejo algumas alunas se lamentando sobre a falta de autonomia financeira, responsabilizando o marido, o governo e a economia, mas não fazem nada para mudar a situação.

Nas nossas mãos repousa o poder de transformar as situações adversas que permeiam nossa vida.

Ser autorresponsável é uma ferramenta transformadora para superar o passado, aprender com experiências desafiadoras e plantar novas sementes para o futuro. A consciência e a prática desse princípio são catalisadoras para melhorar nossos relacionamentos, fortalecer nossas conexões familiares e aprimorar a nossa relação com Deus.

Segundo Paulo Vieira, há seis leis que auxiliam no processo da autorresponsabilidade.[3]

- **Em vez de criticar os outros, cale-se;**
- **Se é para reclamar, dê sugestão;**
- **Se é para buscar culpados, busque soluções;**
- **Se é para se fazer de vítima, faça-se de vencedor;**
- **Se é para justificar seus erros, aprenda com eles;**
- **Se é para julgar as pessoas, julgue suas atitudes.**

Se você começar a aplicar essas leis no exercício diário da autorresponsabilidade, conseguirá criar um ambiente propício para a sua transformação acontecer e finalmente viverá tudo aquilo que merece!

---

3 VIEIRA, Paulo. **O poder da autorresponsabilidade**: A ferramenta comprovada que gera alta performance e resultados em pouco tempo. 1ª edição. São Paulo: Gente, 2018.

Você tem a vida que merece | _107_

TAREFAS:

1. Faça uma reflexão sobre as áreas de sua vida em que tem sido difícil assumir a autorresponsabilidade. Identifique padrões negativos, vitimizações ou justificativas e substitua-os por atitudes construtivas.

———————————————————————————
———————————————————————————
———————————————————————————
———————————————————————————
———————————————————————————

2. Pratique a comunicação não violenta em seus relacionamentos. Em vez de culpar as pessoas, expresse seus sentimentos e suas necessidades de forma clara e proponha soluções pode fortalecer os laços afetivos. Indico a leitura do livro _Vivendo a comunicação não violenta_, de Marshall B. Rosenberg.

3. Desenvolva um plano de ação para áreas específicas em que deseja exercer maior autorresponsabilidade. Estabeleça metas alcançáveis e implemente mudanças graduais em sua rotina diária. Exemplo de como montar seu plano de ação:
   - Meta específica: Descreva o que você quer alcançar.
   - Passos concretos: Detalhe as ações que você tomará.
   - Prazo: Estabeleça um prazo para cada passo.
   - Recursos necessários: Identifique o que você precisa (tempo, ferramentas, apoio de outras pessoas).
   - Métricas de sucesso: Defina como você vai medir seu progresso.

Meta específica ———————————————————————
———————————————————————————

Passos concretos ———————————————————————
———————————————————————————

108 | *Nunca mais quem eu era*

Prazo _____

_____

Recursos _____

_____

Métricas de sucesso _____

_____

4. Pratique a empatia ao interagir com outras pessoas. Em vez de julgar, busque compreender as experiências e perspectivas alheias, promovendo um ambiente de aceitação e crescimento mútuo.

doze A ESCOLHA É SUA!

Você está pronta para dar um passo em direção à vida que realmente deseja? É hora de abandonar a mediocridade e buscar um novo nível de realização em todas as áreas da sua vida.

Se você deseja um casamento e filhos que vão além do comum, uma vida financeira abundante e uma saúde robusta, é preciso deixar para trás a superficialidade e buscar o extraordinário.

Você não receberá da vida o que acha que merece, mas sim o que precisa para crescer e se tornar a pessoa que está destinada a ser.

Se hoje você se vê envolvida em caos, ansiedade e desânimo, entenda que essas experiências são necessárias para sua evolução. Elas não têm a intenção de lhe destruir, mas sim de lhe fortalecer e capacitar a alcançar seu potencial máximo.

Agora é o momento de romper com velhos padrões e elevar-se para o

Você não receberá da vida o que acha que merece, mas sim o que precisa para crescer e se tornar a pessoa que está destinada a ser.

próximo nível. Crie novos hábitos, novos comportamentos e novos ambientes que estejam alinhados com a vida que você merece. Está na hora de iniciar essa jornada de transformação e conquistar o seu verdadeiro destino.

Uma carta de amor:

Escreva uma carta para você, coloque nela todo o amor-próprio que deveria ter aprendido desde a sua criação. Imprima nestas linhas tudo o que você identificou e que precisa ser transformado, mas sempre se acolha com amor e respeito ao longo do processo — sem culpar ninguém e tomando a responsabilidade por fazer diferente a partir de agora. Diga, nessa carta, o que você está disposta a fazer e como enxerga o seu futuro daqui para a frente. Estabeleça as metas de crescimento e transformação que deseja alcançar.

Construindo hábitos poderosos

Os hábitos desempenham um papel fundamental, influenciando nossas ações diárias, nossos comportamentos e até mesmo o rumo que nossa vida toma. Seja consciente ou inconscientemente, muitas vezes seguimos uma rotina moldada por padrões estabelecidos ao longo do tempo.

A qualidade da sua vida depende da qualidade dos seus hábitos

A formação de novos hábitos não acontece de maneira instantânea, como muitas vezes imaginamos. Muitas pessoas acreditam que para adotar comportamentos saudáveis é necessário eliminar completamente os considerados prejudiciais. No entanto, essa percepção é equivocada. Construir um hábito é um processo gradual, permeado por tentativas e erros. Quando percebemos que nossos resultados em diferentes áreas da vida não são satisfatórios, como vimos na Roda da Vida, surge a consciência da necessidade de mudança. No entanto, é comum sentir dificuldade em saber por onde começar.

Não é preciso mudar radicalmente, mas sim implementar devagar as práticas positivas. Isso envolve refletir sobre os cenários que queremos transformar e identificar comportamentos que contribuem para os resultados indesejados.

Conquiste novos hábitos e celebre pequenas vitórias! Essa construção gradual dos hábitos costuma seguir um padrão em termos de tempo. Nos primeiros sete dias, estamos na fase inicial, nos adaptando à nova rotina e enfrentando algumas resistências. Nos próximos sete dias, começamos a consolidar o novo comportamento, mas ainda enfrentamos desafios e oscilações. Ao atingir 21 dias, estamos na fase em que o hábito começa a se enraizar mais profundamente. Nesse ponto, ele se torna mais automático e natural, e é mais provável que o pratiquemos sem pensar muito. Finalmente, após cerca de quarenta dias o hábito tende a estar bem estabelecido e integrado em nosso cotidiano, tornando-se parte de quem somos.

Entender essas fases nos ajuda a ser pacientes e persistentes durante esse processo, compreendendo que a mudança leva tempo e requer esforço contínuo.

112 | *Nunca mais quem eu era*

A mudança de hábitos é como uma jornada em que vamos avançando aos poucos, a passos pequenos, em direção a uma vida mais saudável e equilibrada. Em vez de tentar mudar tudo de uma vez, o ideal é fazer ajustes graduais ao longo dó tempo. Assim, podemos aprender com nossas experiências e nos adaptar ao que funciona melhor para nós. É como ir ajustando o rumo do barco aos poucos, em vez de tentar mudar de direção de uma vez só.

Conquiste novos hábitos e celebre pequenas vitórias!

Comece a perceber os seus novos resultados. Se você está reclamando menos ou conseguindo acordar uma hora mais cedo, considere isso uma vitória. O ato de se levantar e se conectar com a sua essência pessoal já constitui uma comunicação positiva.

O reconhecimento do 1% aprimorado em diferentes áreas da vida é um exercício valioso.

Persistir em ser 1% melhor a cada dia, ao longo de um ano, em qualquer área escolhida, revela-se uma prática espetacular e se traduz em um crescimento exponencial de 36,78 vezes ao fim desse período. A decisão consciente de aprimorar a saúde, os estudos ou o autocuidado é, por si só, um passo significativo em direção ao autodesenvolvimento. Ao abraçar e celebrar cada 1% de melhoria, estabelecemos as bases para uma jornada contínua de aprimoramento pessoal e conquistas duradouras.

Treine até se tornar

A repetição é uma força motriz poderosa, seja duas vezes, três, quatro, ou até um milhão de vezes. O poder da repetição influencia significativamente aquilo que realizamos todos os dias.

> *"Treine até se tornar" é a palavra de ordem*

"Treine até se tornar" é a palavra de ordem.

No ano passado, realizei lives quase diariamente no Instagram, o que iniciou um processo contínuo de desenvolvimento. A conexão com Deus e o entendimento da minha identidade foram fundamentais nesse processo. O hábito de realizar devocionais diários, a criação do Projeto PDM e o compromisso com a mudança de identidade refletem a intensidade aplicada nesse processo.

A repetição, ou seja, o treinamento, é vital para alcançar objetivos. Assim como não se obtém pernas musculosas frequentando a academia esporadicamente, a consistência é fundamental para alcançar metas como emagrecer, ter um relacionamento saudável ou manter a conexão com Deus.

Hábitos saudáveis requerem uma mudança de comportamento que só é alcançada por meio da repetição diária.

O processo de transformação envolve três elementos essenciais:

- **Resultado:** metas claras e alcançáveis
- **Processo:** como será a implementação
- **Identidade:** quais crenças serão transformadas

Hábitos saudáveis requerem uma mudança de comportamento que só é alcançada por meio da repetição diária.

Tornar-se, então, é mais do que alcançar um resultado, é adotar uma identidade que direciona o processo e, por sua vez, influencia os hábitos. Eles têm um papel enorme de moldar quem somos e de nos levar mais perto ou mais longe do tipo de pessoa que queremos ser, por isso é importante olhar de perto para o que fazemos todos os dias.

Imagine nossos hábitos como camadas de uma cebola. A primeira camada é o que queremos alcançar, como perder peso ou melhorar nossos relacionamentos. A segunda camada é o que fazemos todos os dias para chegar lá, nossas rotinas e práticas. E a terceira camada é quem nos tornamos por meio desses hábitos, nossa identidade. Esses são, de maneira prática, os três elementos para a transformação. Quanto mais nos comprometemos, mais nos transformamos internamente e nos tornamos quem queremos ser.

Quando focamos nesse processo, criamos mudanças duradouras, cultivamos hábitos consistentes que nos levam na direção certa.

A construção de hábitos duradouros é, inegavelmente, uma tarefa desafiadora, pois com frequência implica passar por uma fase de desilusão até atingir um estágio de progresso notável. É nesse ponto que o conceito de **"treine até se tornar"** ganha relevância. A prática constante e diligente de um hábito, até que este se torne parte integrante da nossa identidade, é o que impulsiona o processo de transformação.

Modo de Atuar Sistemático (MAS)

Como você faz para alcançar seus objetivos?

Essa ferramenta nos ajuda a alcançar de forma consistente e planejada nossas metas e as suas respectivas conquistas. Essa abordagem envolve a implementação de processos, procedimentos e práticas que são estruturados, organizados e repetidos regularmente para garantir eficiência e eficácia nas atividades realizadas.

> *Quando focamos nesse processo, criamos mudanças duradouras, cultivamos hábitos consistentes que nos levam na direção certa.*

Em resumo, o MAS segue uma série de etapas ou métodos predefinidos para realizar as tarefas de forma consistente e alcançar os resultados desejados. Isso pode envolver o estabelecimento de metas claras, a criação de rotinas eficientes, a utilização de ferramentas e tecnologias adequadas e a avaliação contínua do progresso para fazer ajustes conforme necessário.

Focar nos processos que conduzem aos objetivos estabelecidos é a chave para colher os frutos dessa jornada. Essa ferramenta é mais do que simplesmente declarar desejos genéricos, ela estabelece um plano de ação prático e viável.

Um objetivo desprovido de um processo estruturado é uma mera ilusão!

Muitas de nós expressam os desejos de riqueza, emagrecimento ou outros anseios, mas sem um plano tangível e um compromisso contínuo com o processo tais aspirações permanecem distantes. E, frustradas, continuamos com os antigos hábitos como: reclamação, murmuração, infidelidade, mentira, procrastinação e omissão, distanciando-nos do poder transformador do crescimento gradual e consistente.

> *Um objetivo desprovido de um processo estruturado é uma mera ilusão!*

É preciso sentar e planejar para realizar!

Proponho que você se envolva em dois exercícios reflexivos. Primeiro, utilizando o Modo de Atuar Sistemático (MAS), identifique três áreas distintas de sua vida nas quais tenha percebido uma evolução significativa.

Área 1

_____

_____

Área 2

_____

_____

Área 3

_____

_____

Marque essas áreas com marca-texto verde, simbolizando os progressos alcançados. Celebre essas conquistas e reconheça o impacto positivo que seus esforços têm gerado.

Em seguida, direcione sua atenção para outras três áreas em que até o momento não experimentou uma melhoria significativa.

Área 1

_____

_____

Área 2

_____

_____

Área 3

_____

_____

Utilizando um marca-texto de cor diferente, destaque essas áreas e examine com atenção porque os resultados desejados ainda não foram alcançados. Este exercício proporciona uma oportunidade valiosa de identificar lacunas e áreas de foco adicionais para a aplicação do poder do 1%.

116 | *Nunca mais quem eu era*

Assumir o compromisso consigo mesma de continuar a construir novos hábitos nessas áreas específicas reflete a busca contínua pela autotransformação. Ao reconhecer tanto as áreas de progresso quanto as oportunidades de crescimento, você se posiciona de maneira proativa para incorporar o poder do 1% em todos os aspectos da sua vida.

Depois de identificar as três áreas em que precisa melhorar, use a ferramenta MAS para planejar suas ações e construir novos hábitos;

1. Definição dos objetivos que deseja alcançar em cada uma das áreas: Eles devem ser específicos, alcançáveis e com prazo inicial e final. **Por exemplo:** Perder 10kg em três meses. Início: Segunda-feira, dia 01/05. Final: 01/08.

2. Planejamento detalhado das ações que serão executadas: Elabore quais serão as tarefas, aloque recursos, estabeleça prazos e identifique possíveis obstáculos. **Por exemplo:** Reeducar minha alimentação, comprar alimentos saudáveis e praticar exercícios físicos.

3. Implementação do plano: Como serão realizadas as tarefas especificadas acima, quais ferramentas serão necessárias, quem serão os responsáveis, qual será o tempo de execução de cada uma delas. **Por exemplo:** Praticar exercícios físicos diariamente, me matricular na melhor academia, fazer cinco refeições por dia, tomar três litros de água diariamente e a única responsável serei eu.

4. Monitoramento regular: Acompanhar, avaliar se as tarefas estão sendo executadas conforme o planejado. **Por exemplo:** A melhor academia não deu certo, pois é muito longe de casa, então não consigo fazer exercícios todos os dias. Não faço cinco refeições diárias, porque trabalho fora e estou sem dinheiro para comer fora de casa.

5. Avaliação e ajustes: A partir dos resultados do monitoramento será possível identificar se alguma tarefa não está trazendo o resultado esperado e então mudar a rota e ajustar o que for preciso. **Por exemplo:** Eu me matriculei numa academia mais simples, porém perto de casa, e agora consigo praticar exercícios todos os dias. Comecei a fazer marmitas para levar para o trabalho e assim fazer as cinco refeições. Separo os alimentos e coloco etiquetas para saber qual é a refeição certa e não cometer erros.

Use essa ferramenta para lhe ajudar a construir os hábitos que você identificou que precisa:

1. Definição dos objetivos que deseja alcançar em cada uma das áreas:

_____

_____

2. Planejamento detalhado das ações que serão executadas:

_____

_____

3. Implementação do plano:

_____

_____

4. Monitoramento regular:

_____

_____

5. Avaliação e ajustes:

_____

_____

A jornada de autotransformação é marcada por processos contínuos, pela prática de hábitos positivos e pela superação das fases de desilusão. A perseverança nesse caminho, orientado pelo poder do 1% todo dia, culmina na construção de uma identidade fortalecida e na realização da sua melhor versão.

Quando nos concentramos em criar hábitos baseados em quem queremos ser, transcendemos a busca por realizações pontuais e passamos a forjar uma identidade condizente com as aspirações mais profundas. Decidir conscientemente os hábitos que cultivamos, não apenas para atingir um resultado, mas para sermos o resultado, revela o verdadeiro potencial transformador dessas práticas diárias.

A mudança de identidade, quando orientada de forma positiva, torna-se uma ferramenta extraordinária para o aprimoramento pessoal.

Nosso percurso na vida é moldado pelo que escolhemos nutrir diariamente. Cada ação repetida reflete quem somos e define a direção em que estamos nos movendo. Pequenas vitórias diárias, conquistadas por meio da repetição consistente de comportamentos positivos, elevam nossa identidade e fortalecem nossa confiança na capacidade de alcançar nossos objetivos.

Minha própria experiência ilustra o poder transformador dos hábitos. Ao decidir dedicar-me ao hábito da leitura e ao constante aprimoramento pessoal, testemunhei uma mudança profunda. Hoje, como escritora, reconheço que foram os pequenos hábitos cultivados diariamente que moldaram minha nova identidade e me conduziram na direção dos meus sonhos.

A mudança de identidade, quando orientada de forma positiva, torna-se uma ferramenta extraordinária para o aprimoramento pessoal.

Portanto, não subestime o impacto dos pequenos hábitos em sua jornada. Ela pode ser desafiadora, mas o prêmio de persistir diariamente é verdadeiramente inestimável.

Não desista da busca contínua da sua melhor versão.

Mergulhe mais em seu interior com o exercício abaixo e trace novos hábitos a partir de agora. Escaneie o QR Code abaixo e ouça a música que preparei para você enquanto faz a tarefa.

TAREFAS:

1. Faça uma lista das qualidades da pessoa que você deseja ser. Escolha uma dessas qualidades e identifique um hábito específico que a fortalecerá. Comprometa-se a praticá-lo diariamente.

_____
_____
_____
_____
_____

A escolha é sua! | *119*

2. Reserve um tempo diário para práticas espirituais, como oração, meditação ou leitura de textos sagrados. Mantenha consistência para fortalecer sua conexão espiritual.

3. Identifique uma habilidade que você deseja desenvolver. Dedique pelo menos vinte minutos por dia para praticar e aprimorar essa habilidade.

4. Faça uma análise honesta. Identifique um hábito que gostaria de eliminar ou modificar para promover um estilo de vida mais saudável e equilibrado.

5. Reserve alguns minutos todos os dias para listar três coisas pelas quais você é grata. Isso ajudará a cultivar uma mentalidade positiva.

_____

_____

_____

_____

_____

6. Comprometa-se a realizar pelo menos vinte minutos de exercícios físicos todos os dias. Qual exercício você vai escolher? Escreva a data em que vai começar.

_____

_____

_____

_____

_____

7. Faça uma lista de alimentos saudáveis que gostaria de incorporar à sua dieta. Introduza um novo alimento ou receita saudável a cada semana.

_____

_____

_____

_____

_____

120 | *Nunca mais quem eu era*

8. Dedique dez minutos diários para revisar suas finanças, fazer orçamento ou aprender sobre investimentos. Isso ajudará no desenvolvimento de hábitos financeiros saudáveis.

9. Dedique trinta minutos antes de dormir para desconectar-se de dispositivos eletrônicos. Use esse tempo para relaxar, ler um livro físico ou praticar meditação.

Comprometa-se com a pessoa mais importante da sua vida

O desafio agora é comprometer-se com você mesma para que a transformação de fato aconteça.

Claro que existirão situações nas quais precisaremos ajustar o plano ou recuar, mas a única opção que não temos é **desistir do nosso foco e da nossa transformação**.

Portanto, se você tomou a decisão de se transformar a partir desta leitura, queime os seus barcos (que são todas as possibilidades de voltar atrás) e se comprometa a seguir os passos e as estratégias que disponibilizo para você. Acredite, fazendo isso sua vida mudará, e nascerá uma nova mulher!

E aí? Pronta para tomar essa decisão?

A escolha é sua! | *121*

Comprometa-se consigo mesma através do termo de compromisso abaixo:

TERMO DE COMPROMISSO

Eu, _____,
me comprometo a buscar conhecimento e fazer todas as tarefas para a minha transformação como mulher.

A responsabilidade pelo meu sucesso ou fracasso é minha, por ação ou omissão, e serei a única responsável pelos meus resultados. Sou autorresponsável e assumo este compromisso.

Assim, também me comprometo a não desistir no meio do caminho, pois sei aonde quero chegar!

Sem mais,

_____

Gratidão por chegar até aqui

Agradeço profundamente pelo seu tempo e pela sua companhia. Dediquei cada etapa deste livro a você.

"Assim, se alguém está em Cristo, nova criatura é; as coisas velhas já passaram; eis que tudo se fez novo." (2 Coríntios 5:17)

Este trabalho é um testemunho vivo de como a fé e a determinação podem transformar vidas. Cada capítulo reflete uma jornada de superação guiada pela mão divina, mostrando que o passado não define o futuro.

Em Cristo somos renovados, livres das amarras antigas, prontos para abraçar uma nova identidade. Meu objetivo é lhe inspirar a reconhecer o poder da redenção e a buscar a mudança interior que só Deus pode proporcionar.

A transformação é um conceito, uma experiência real e acessível a todos que entregam sua vida a Cristo.

Se você ainda não entregou a sua vida a Jesus e se sente resistente ou não sabe como fazê-lo, quero lhe desafiar a fazer isso neste momento, enquanto está aqui comigo. Diga em voz alta, ou mesmo em seus pensamentos, com o seu coração: "Jesus, eu te recebo em meu coração! Entrego a minha vida a Ti, e te peço que me conduzas ao meu mais profundo ser. Reconheço a tua obra por meio da cruz e agradeço por ter me escolhido como coerdeira da sua herança!"

Gratidão por chegar até aqui | 123

Se você já entregou a sua vida a Ele, também lhe desafio a mergulhar ainda mais nas águas do Espírito a fim de encontrar-se cada vez mais n'Ele.

Que eu possa ter sido um farol de esperança para você, incentivando-a a nunca mais ser quem você era e a descobrir e viver o propósito de Deus em sua vida.

Nunca se esqueça: a transformação é contínua, e o melhor de nós está sempre por vir.

Beijos no coração,
Catia Regiely

Agradecimentos

Gostaria de expressar minha profunda gratidão por pessoas muitos especiais, que desempenharam um papel vital neste projeto:

Fernanda Leonel, minha editora, obrigada por me refinar. Sua habilidade de comunicação é extraordinária, e eu amo trabalhar com você.

Meu amigo, irmão e assessor Paulo, você foi um maestro extraordinário na condução deste projeto. Obrigada por sua luta, por sua verdade e por suas palavras tão sábias de direcionamento. Eu te amo!

À toda equipe da editora Record, que alegria poder ter sido convidada para algo tão especial. Meu coração se alegrou em ver tantos rostos felizes dispostos a potencializar esta mensagem. Muito obrigada, Raïssa, por seu trabalho e por nos convidar a viver esse tempo especial. Por causa de vocês, muitos poderão experimentar possibilidades de transformação profunda e significativa.

Este livro foi composto na tipologia Minion Pro,
em corpo 11/16, e impresso em papel offwhite,
no Sistema Cameron da Divisão Gráfica
da Distribuidora Record.